빅터 프랭클의
의미를 향한 소리없는 절규

The Unheard Cry for Meaning
: Psychotherapy and Humanism

빅터 프랭클의
의미를 향한 소리없는 절규

청아출판사

Contents

서문

이 책은 기출간된 《정신치료와 실존주의(Psychotherapy and Existentialism)》와 《무의식적인 신 : 정신치료와 신학(The Unconscious God : Psychotherapy and Theology)》의 연속작이다. 본래는 논문들 중에 몇 개를 간추려 실으려 했으나, 다시 손을 보면서 더 명확해진 내용들을 보충했다. 일부는 별도의 장으로 떼어낸 것도 있지만, 전체적으로는 씨줄과 날줄처럼 밀접하게 연관되어 있다. 처음 두 개의 장은 로고테라피logotherapy* 체계를 떠받치는 세 가지의 기본 원리를 설명하고 있다. 그것은 의미에 대한 의지the will to meaning, 삶의 의미the meaning of life, 의지의 자유the freedom of will이다.

로고테라피는 실존적 정신의학 혹은 인본주의 심리학의 범주를 포섭하고 있다. 그러나 책을 읽다 보면 내가 실존주의, 혹은 적어도 실존주의로 불리는 학파에 대해 얼마간은 비판적으로 언급한 것을 보게 될 것이다. 마찬가지로 이른바 인본주의, 전적으로 나의 판단이지만, 의사(擬似) 인본주의pseudo-humanism에 대한 비판도 찾을 수 있을 것이다. 물론 의사 로고테라피도 배격하고 있다.

정신의학과 심리학에서 실존주의와 인본주의의 위상을 파악하려면 우선 심리요법**의 역사를 간략하게 살펴볼 필요가 있다. 심리학계는 심리치료의 위대한 영감과 교훈을 지그문트 프로이트(Sigmund Freud : 1856~1939, 오스트리아의 신경과 의사, 정신분석의 창시자)에게서 얻었다. 나 역시 그렇다.

내가 1924년 프로이트의 추천으로 《국제정신분석학회 저널(International Journal of Psychoanalysis)》에 논문을 게재한 바 있다는 사실을 독자들은 잘 모를 것이다.

---

* 프랭클의 조어로 'logos theraphy'의 줄인 말이다. 'logos'는 그리스어로 '말하다'를 뜻하는 동사 'legein'의 명사형으로 직역하면 '말한 것'이다. 즉, 사물의 설명, 이유, 근거를 지칭하는데, 프랭클은 대상의 '의미'를 추구하는 인간의 본질적 정신 활동으로 파악했다. '로고테라피'의 뜻을 단순화하면 '의미요법'이다. 로고스는 우주의 보편적인 법칙, 이를 분별하는 이성(理性)을 뜻하며, 파토스(pathos)와 대립되는 개념으로 확대되었다. - 옮긴이

** 정신요법이라고도 한다. 생리적·물리적·화학적 방법을 포함하고 있으나 일반적으로 심리적인 기법에 의한 치료법을 말한다. 심리적 원인에서 생기는 신경증이 주요 대상이지만, 정신분열증과 같은 이른바 내인성(內因性)의 정신병 등 심리적 요인이 큰 정신·신체적인 증상에도 심리요법이 활용된다. 카운슬링(심리 상담)도 포함된다.

프로이트는 신경증 환자neurotic의 가면 벗기기unmasking를 가르쳤다. 그 환자가 행동하는 근원인 감춰진 무의식적 동기를 드러내는 것이다. 그러나 정신분석가는 더 이상 벗겨낼 게 없는 진실성의 지점에 다다랐을 때는 가면 벗기기를 중지해야 한다. 이는 내가 끊임없이 주장해 온 것이다. 하지만 몇몇 '가면 벗기는 심리학자들'(정신분석가들은 한때 자신들의 행위를 이렇게 불렀다)은 그런 진실의 단계에서도 멈추지 않고, 계속 폭로 작업을 진행한다. 이것이 그들의 감춰진 동기, 무의식적 평가절하 욕구에서 비롯된 것이자 진실성, 그리고 진정한 인간성에 대한 경시이다.

행동요법*은 오랫동안 정신분석가들이 절대적 위상을 지녔던 시대의 이론들에 기초하고 있다. 하지만 행동요법은 프로이트 학설에서 각종 증상의 원인이라고 믿었던 병인학(病因學)적인 이론들이 그저 믿음일 뿐이라는 증거들을 제시할 수 있었다. 유아기 정신적 외상(trauma)의 경험, 혹은 이드id, 자아ego, 초자아superego 간의 갈등**을 모두 신경증적으로 추적할 수 있는 것은 아니다. 또한 모든 증상 대치가 프로이트주의의 치료법에 따른 것도 아니다.

---

* 행동주의(behaviorism) 입장에 서서 학습이론을 기초로 한다. 환자의 이상행동을 정신이상의 표현이라고 보는 것이 아니라, 과거에 부적당한 경험을 했기 때문에 이루어진 행동습관이라고 보고, 그 부적당한 행동습관을 제거하여 보다 적절한 습관을 학습시키는 것이 치료의 근본이다. - 옮긴이

** 프로이트의 정신분석학은 인격이 이드, 자아, 초자아 등 세 부분으로 구성된다고 본다. 이드는 인간의 원시적·비인격적 무의식 충동이다. 그 결과로 발생하는 긴장에서 벗어나려고 할 때 현실과 외계의 중개자로 자아가 등장한다. 사회적 규범에 따라 판단의식이 생기고 자아를 비판하는 부분을 초자아라고 한다. - 옮긴이

9

그 치료도 정신분석에 의한 것이 아니라 단기적인 행동 수정에 의한 것이었을 뿐이다. 그래서 신경증neurosis을 비신화화(非神話化)*한 것은 행동주의의 연구 덕분이다.

그러나 아직 만족할 수 없는 부분이 남아 있다. 기존 심리요법만으로는 시대적인 질병과 증상에 대처할 수 없다. 현대인들의 의미 상실, 몰개성화, 비인간화가 그런 것들이다. 의식 수준이건 무의식 수준이건 간에, 모든 심리치료 방법이 추론되는 절대불가결한 요소는 인간에 대한 개념이다. 그 개념에 인간의 차원, 인간적 현상**이라는 차원을 포함시켜 고려해야 한다.

노르웨이 출신의 심리학자 브야른 크빌호그(Bjarne Kvilhaug)는 로고테라피를 두고 기존 학습이론에서 인간성을 회복시켰다고 평가했다. 작고한 독일 마인츠 대학 정신의학과의 니콜라우스 페트릴로비치(Nikolaus Petrilowitsch) 교수는 로고테라피가 정신분석학을 재인간화 했고, 특히 다른 심리요법 학파들과는 달리 단순히 신경성 질환을 다루는 차원에 머무르지 않았다고 평가했다.

그런 평가는 무엇을 의미하는 것일까? 정신분석학은 신경성

---

* 프로이트가 자신의 본능 이론을 '신화학' (mythology)으로 묘사했고, 본능을 '신화적'이라고 명명한 사실을 감안하면, 비신화화(demythologination)란 표현은 너무 에둘러 말한 것이 아니다.
** 프랭클의 '인간적 차원', '인간적 현상'이라는 표현은 다른 동물 종(種)들과 차별화되는 '인간만의 특수한' 차원과 현상들을 강조한 것이다. 이는 프랭클이 충동과 본능의 지배를 받는 인간을 전제로 한 기존 심리학의 견해와 자신의 심리학적 견해를 구분하는 중요한 개념이다. 동물적 보편성보다 인간의 특수성을 강조한 것이다. 로고테라피(의미요법)가 창안된 근본적 아이디어는 여기서 출발한다. - 옮긴이

질환을 어떤 정신역동 psychodynamics의 결과로 본다. 따라서 다른 정신역학을 가동시키는 반작용을 시도하게 된다. 일종의 건강한 감정전이 transference* 관계로 환자를 치료하려는 것이다. 행동요법은 신경증을 특정한 학습, 조건화, 또는 과정의 탓으로 돌린다. 이에 따라 이들은 신경증에 재학습, 조건 변화로 대응한다. 하지만 페트릴로비치가 적절하게 언급했듯이, 두 학파 모두 신경증의 수준에서만 치료법을 골몰하고 있다.

로고테라피는 그런 차원을 넘어선 것이다. 인간성의 차원을 추구해 인간에게만 유일하게 존재할 수 있는 자원을 이끌어내는 것이다. 자아 초월 self-transcendence 그리고 자아 이탈 self-detachment이라는 인간 특유의 능력들 말이다.

자아 초월 능력은 역설적 의도 paradoxical intention**라는 로고테라피적인 기법이 실행되었을 때 나타난다. 자아 이탈 능력은 진단과 치료에서 똑같은 중요성을 갖는다. 자아 초월, 또는 그것 때문에 일어나는 인간의 한 특성인 의미에 대한 의지를 직시하지 않으면 의미에 대한 의지 상실에서 추출되는 누제닉 신경증 noogenic neurosis*을 진단할 수 없다. 의지에 호소할 수도 없다. 그 의지가 환

---

* 환자가 상담자에 대해서 느끼는 감정이나 사고, 전이 현상 때문에 환자의 부정적 감정과 비합리적 사고를 밝힐 수 있다. - 옮긴이
** 프랭클의 중요한 치료 기법, 일반적 의미는 치료사가 반대 현상이 발생할 것이라는 숨겨진 의도를 가지고 환자의 장애 행동이나 증상을 외적으로 지원하는 것을 말한다. - 옮긴이

자의 무의식에 억압되어 있다면 그것을 불러 일으켜야 한다. 이것이 로고테라피의 원칙적인 임무라는 점은 실험적 근거로 입증되고 있다. 수많은 통계적 연구 결과들은 '의미에 대한 의지'가 분명히 '생존 가치'를 갖고 있음을 보여주고 있다.

자기 이탈도 실험적 근거들로 입증되었다. 자기 이탈은 이름 그대로 인간의 정신에 세워지는 중요한 '대처기제'이다. 앞으로 이 책에서 설명되겠지만, 대처기제에는 유머로 표출되는 자아 이탈의 특성이 포함되어 있다.

요약하면 정신분석가들은 '신경증의 가면을 벗겨라' 하고, 행동주의는 '신경증을 비신화화 하라'고 가르쳤다. 이제는 로고테라피가 정신분석과 행동주의에 인간성을 회복하라고 주창하고 있다. 그러나 이런 정리에는 지나친 단순화의 위험이 있다. 두 학파 사이에는 고유의 원리를 지키는 계열성뿐만 아니라, 상호 간에 합류하는 융해도 있기 때문이다.

독일의 유명한 프로이트주의자인 볼프강 로치(Wolfgang Loch)는 "정신분석적 담론의 본질은 삶의 새로운 의미를 창안하려는 노력"이라고 말한다. 미국 뉴욕의 행동 치료 센터의 책임자

---

*누제닉 신경증은 심령성 신경증(spiritual neurosis)으로도 번역된다. 이는 프랭클이 심인성(心因性) 신경증(psychonogenic neurosis)과 구분하기 위해 사용한 개념이며, 여기에서는 원문에 있는 그대로 누제닉(noogenic)으로 쓰기로 한다. 마음을 뜻하는 그리스어 'noos'에서 유래했다. 프랭클은 로고테라피에 대해 '의미 중심, 정신 중심의 치료법'이라고 밝힌 바 있다. - 옮긴이

인 레오나드 바첼리스(Leonard Bachelis)는 자신의 센터에서 진행 중인 치료법들이 성공적이지만, 삶의 의미 상실 때문에 자살 충동을 느끼는 사례가 있다고 '의미에 대한 의지'의 효과에 대해 언급하고 있다.

그래서 두 학파 각자의 계열성 속에서 수렴된 이론들이 등장한다. 그러나 로고테라피는 만병통치약이 아니다. 따라서 다른 심리요법들과의 협력, 또한 로고테라피 자체의 혁신의 길도 열려 있다. 정신분석학파와 행동주의학파 모두가 인간 현상들의 인간성을 크게 무시해 온 것은 사실이다. 그들은 아직도 환원주의 reductionism*에 열중하고 있고, 이는 심리요법적인 훈련 장면들이 압도된 현실로 나타난다. 환원주의는 인본주의와 정반대 쪽에서 대치하고 있다. 환원주의는 하위의 인본주의라고 말할 수 있다. 과학적 진실에 관한 편협한 개념에 치우쳐 있어 현상을 프로크루스테스의 침대Procrustean bed처럼 현상을 재단하고, 선입견에 따라 해석한다. 이런 경향은 정신역학 계열이나, 학습이론 계열이나 공통적으로 나타난다.

이들 학파들의 공헌도가 크다는 것은 사실이다. 로고테라피는 어떤 경우에도 프로이트, 아들러*(A. Adler : 1870~1937), 파

---

* 프랭클은 정신분석학과 행동주의가 인간 차원의 현상을 그 자체로 이해하지 않고 생물학적, 심리학적 인간으로 파악한 뒤, 이를 인간의 실체로 환원시켜 인간 존재를 비인간화시키고 있다는 견지에서 이들을 환원주의로 비판했다. - 옮긴이

블로프**(Pavlov : 1849~1936), 왓슨***(Watson : 1878~1958), 스키너****(B. F. Skinner : 1904~1990) 등이 남긴 타당한 업적들을 폄훼하지 않는다. 이 학파들은 자신들의 관점 속에서 충분한 발언권을 갖고 있다. 그러나 그들의 진정한 중요성과 가치는 보다 높은 관점과 차원에서 검토했을 때에만 파악할 수 있다. 이 차원에 이르면 인간은 더 이상 충동을 만족시키고, 본능을 충족시키는 존재가 아니다. 이드 · 자아 · 초자아의 화해를 추구하는 존재로 가정하지 않을 수 있다.

인간의 현실도 단순히 조건화 과정이나 조건반사된 결과로만 이해되지는 않는다. 여기서 인간은 의미를 탐구하는 존재로 드러난다. 한 시대의 수많은 질병을 초래하는 인간의 무상함을 탐구하는 것이다. 그때 정신의학자가 선험적으로a priori '의미를 향한 소리없는 절규' unheard cry for meaning를 듣지 않는다면, 어떻게 현대사회의 집단신경증을 이해할 수 있겠는가?

---

* 프로이트의 제자로 그의 사상에 대한 최초의 비판자였다. 1911년 신경증의 성적 병인설(리비도설)을 거부하는 것이 시작이었다. 역시 제자였던 C. G. 융도 성적 리비도에 반대하고 보다 넓은 생의 에너지로서의 원초적인 리비도를 생각했다. 1930년대에 독일에서 나치가 전면에 등장하자 프로이트주의자들은 영미권으로 망명, 각종 학파로 분화, 확대, 혁신되었다. 하이데거의 철학과 결부된 후에는 정신분석이 현상학적 정신의학과 실존분석으로 전개되었다. 사르트르의 존재론적 인간 이해, 푸코 등의 구조주의와도 결합되었다.

** 러시아 출신 생리학자. 뇌의 조건반사작용에 대해서도 자연과학의 방법으로 연구할 수 있음을 제시했다. - 옮긴이

*** 미국의 심리학자로 행동주의 주창자이다. - 옮긴이

**** 신행동주의자로 불리며, 조작주의적 분석에 의해 조건과 결과의 관계만을 기술하는 입장으로 스키너학파를 형성했다. - 옮긴이

이 책을 비롯해 내가 쓴 논문들은 곧 시대에 뒤떨어진 학설이 될 것이다. 처음 제기했다는 사실만 남게 될지도 모른다. 하지만 몇 가지 제안은 시점이 적절했다고 확신한다. 의미 상실감으로 인한 전 세계적인 위기에 대해 생각해 보자. 그것이 1970년대의 집단신경증이라면, 나는 매우 겸손하게 말해야 할지 모른다. 이미 1950년대에 그런 증상들의 증가와 확대를 예견했고, 그에 앞서 1930년대에 치료법을 제공하지 않았던가 말이다.

1977년 빈에서
빅터 E. 프랭클

감수의 글

이 책을 펼쳐든 사람에게 빅터 프랭클을 새삼 소개할 것은 없을
성싶다. 1977년에 출간된 이 책은 열 편의 짧은 논문들이 하나같
이 분명한 흐름이 있다. 다시 읽을수록 새로운 맛이 난다.

빅터 프랭클의 논문이나 저서를 접한 사람이라면 이 책의 내
용은 생소하지 않아서 반갑다. 저자는 '의미' 라는 화두로 오랜 세
월 씨름해 오고 있어 우리에게는 익숙한 논제들이다. 그럼에도 불
구하고 신선한 느낌을 주는 것을 보면 역시 그는 열린 사람이다.
사람들의 비판이나 조언을 겸허히 받아들일 줄 아는 대학자로서
의 양식 때문이다. 그러면서도 그의 깊은 철학이나 이념에서는 전
혀 흔들림이 없다. 그것은 죽음의 현장에서의 생생한 체험적 철학

이 바탕에 깔려 있기 때문이다. 그의 저서를 즐겨 읽게 되는 것은 그런 심오한 철학적 사색을 쉽게 풀어 놓는 데 있다.

진료실에서 환자와의 일상적 대화 속에 그의 깊은 철학이 담겨 있다. 누가 들어도 쉽게 이해되고 공감하게 된다. 이번 저서에는 폭넓은 관심과 심층적인 관점을 볼 수 있게 하는 몇몇 논문이 눈에 띈다. 현대 젊은이의 시대적 고민상, 마약, 소외, 공허뿐 아니라 성, 문학, 스포츠에 이르기까지 다양하다. 이런 분야에 관심이 있는 독자에게는 깊은 통찰을 얻게 될 것으로 확신한다.

특히 마지막 장의 〈역설적 의도〉는 가히 압권이다. 임상가나 현장의 상담가들은 그 기본적 개념이나 이론은 알고 있지만 실제 적용이 쉽지 않았는데, 이번 논문은 저자의 치료 장면을 옆에서 지켜보듯 쉽게 풀어 놓았다. 후학들을 위해 고마울 따름이다.

빅터 프랭클이 새로운 개념을 소개할 때에는 생소한 용어를 쓰지 않으면 안 되는 경우가 더러 있다. 그래서 번역한다는 것이 만만치 않은 일이다. 이 책을 번역한 오승훈 님은 장애를 잘 극복하여 독자들이 이해하기 힘든 구석은 옮긴이 주를 달아 친절하게 해석해 놓았다.

2005년 10월

옮긴이의 글

1997년 9월 심장쇠약으로 세상을 떠난 빅터 프랭클은 한 해 전에 발간한 자서전 《Viktor Frankl Recollections : An Autobiography》의 서두에서 이런 일화를 전하고 있다.

"나는 빈에 있는 유명한 쉴러 커피하우스에서 태어났다. 1905년 4월의 화창한 봄날 오후에 어머니는 첫 산통을 느껴야 했다. 내가 태어난 날은 베토벤이 죽은 날과 똑같다. 나중에 내 친구는 그 이야기를 듣더니 장난스럽게 '불운은 절대 혼자 오지 않는구만'이라고 촌평했다."

프랭클이 이 에피소드를 전한 의도는 어머니에게 안겨준 봄날의 고통, 베토벤의 죽음, 자신의 탄생 간의 단순한 인연이었을 것이다. 하지만 그의 이름을 역사에 헌정한 현재의 시점에서 보면, 자신의 인생과 소명에 대한 깊은 은유로 읽힌다.

빅터 프랭클이 세상을 등졌을 때 〈뉴욕타임스〉는 "그는 인류 역사상 가장 야만적이었던 20세기의 수난을 가장 극한 상황에서 체험했지만, 20세기 인류에 가장 희망적인 메시지를 던졌다"고 평가했다.

2차대전 당시 3년 동안 다카우, 아우슈비츠 강제수용소에서 인간과 역사의 가장 부정적인 속성에 고문을 당했지만, 가장 긍정적인 시각으로 인간의 삶을 구원하려 했다는 것이다.

어쩌면 자신의 탄생에 얽힌 역설이 그대로 삶의 역설이 된 것인지도 모른다. 그게 아니라면, 자신이 정신적 외상을 입은 기억을 치유하려 그는 자기 이론대로 정반대의 상황에 몰입하는 '역설적 의도'를 평생, 그리고 다분히 무모할 정도로 우직하게 실행했다고 추정해야 할 것이다. 그만큼 내재적 경험과 외화된 정신은 그의 삶 속에서 '반대의 일치'를 이루고 있다.

그러한 경험의 해석을 보여주는 것이 《죽음의 수용소에서》라면, 그가 형성한 정신의 정수를 보여주는 것이 바로 이 책이다.

그는 프로이트의 유산을 받아 성장했지만, 인간성 회복을 외치며 반대의 입장에 섰다. 그리고 하버마스에게서 실존의 중요성을 시사하였으나, 인간 의지에 대한 신뢰를 버리지 않았다. 스스로 사유하고, 선택하며, 추구하는 의지체로서의 인간의 위상을 견고하게 다져 놓았다. 프랭클만큼 인간에 관한 낙관적인 시각을 펼쳐보인 학자도 드물다.

이 책이 지닌 가치는 그런 프랭클의 사상적 기원과 지적 편력을 너무도 솔직하게, 정제된 언어와 명쾌한 논리로 전개했다는 점이다. 여러 강의록을 한 권의 책으로 엮을 때 일어날 수 있는 중복, 또는 산만의 오류 없이 단정한 '로고테라피 안내서'를 만들어 놓았다.

프랭클은 이 책을 1977년에 출간했다. 하지만 그가 사회원인성 신경증, 집단 신경증의 원인을 '실존적 공허'로 규정하면서 새로운 신경증상, '현대인의 병'을 경고한 것은 1955년이다. 그로부터 50년의 세월이 지난 2005년의 한국 사회가 프랭클의 주장을 뒷받침하는 '가장 이상적인 임상 실험장'이 됐다는 사실은 이 책의 첫 장만 읽어도 수긍할 수 있을 것이다. 서글프지만, 인정해야 할 사실이다.

프랭클은 신경의 작용이나 행동 반응 연구로 채워진 기존 심리학계의 '도구적인 인간관'에서 '인간' 자체를 구출해냈다. 인간을 신경과 행동의 반응체, 그 이상의 영적인 존재로 부활시켜 놓았다. 이는 인본주의 심리학의 길을 여는 패러다임의 혁명적인 전회였다. 이것이 로고테라피다.

다만 지금, 여기 한국에서 갈수록 극단적인 현상과 처방이 난무하는 세태 속에 프랭클의 '낙관론'이 홀대를 당하지 않을까. 그게 마음에 걸린다.

2005년 10월

오승훈

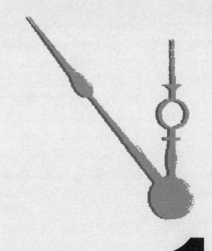

의미를 향한 소리없는 절규

1

The Unheard Cry for Meaning: Psychotherapy and Humanism

* 이 글은 1977년 2월 13일 미국 캘리포니아 주립대 버클리 대학에서 〈의미를 통한 요법〉이라는 제목으로 강연한 것을 토대로 한 것이다.

의미를 추구하는 삶

로고테라피logotherapy란 단어를 글자대로 해석하면 '의미를 통한 요법' therapy through meaning이 된다. 물론, '의미를 통한 치료' healing through meaning로 해석할 수도 있다. 이 해석은 오늘날의 로고테라 피에서는 불필요한 종교적인 함축성을 띨 수도 있다. 어떤 경우이 든 로고테라피는 의미 중심meaning-centered, 혹은 정신 중심psycho-centered의 요법이다.

의미를 통한 요법이란 개념은 심리요법의 전통적 개념화를 뒤집은 것이다. 전통적 개념화에서라면 오히려 요법을 통한 의미 로 정식화되었을 것이다. 전통적 심리요법이 의미와 목적이라는 문제와 정면으로 맞선다면, 다시 말해 의미와 목적을 '방어기제'

혹은 '반동 형성'*을 통해 추론한 조작적 가치로 격하하지 않고 액면가치 그대로 받아들인다면, 그렇게 해서 우리가 오이디푸스적인 상황을 해결하고 위협적인 공포를 제거해 행복해질 수만 있다면 오죽 좋겠는가?

자아와 잠재성을 실현하게 되는 것은 물론 자신이 원하던 인물로 성장할 수 있다고 한다면 정말 권장할 마음이 들 것이다. 의미가 제 발로 찾아오는 것처럼 말이다. 마치 "너희들은 먼저 프로이트와 스키너 왕국을 찾아라. 그러면 그 모든 것들을 얻을지니"라고 말하는 것 같지 않은가?

그러나 그런 방식은 소용이 없었다. 오히려 신경증이 사라진 뒤에도 대개는 공허가 남아 있었다. 환자는 무난하게 적응하고 기능을 회복했으나 의미를 잃어버렸다. 여기서 환자는 인간, 말하자면 끊임없이 의미를 추구하는 존재로 인식되지 않았다.

의미에 대한 추구를 중요한 인간 본능으로 진정한 가치를 부여하지 않고, 단지 심리 저변에 있는 무의식적인 정신역학을 합리화하는 것으로 보았을 뿐이다. 인간은 자신이 추구하던 의미를 찾

---

* 방어기제(defense mechanism)는 프로이트가 처음 사용한 말로, 위협 상황에서 무의식적으로 자신을 속이거나 상황을 다르게 해석해 감정적 상처로부터 자신을 보호하는 의식이나 행위를 말한다. 반동 형성 (reaction formation)은 억압된 감정이나 욕구가 행동으로 나타나지 않도록, 그것과 정반대의 행동으로 바꾸어 놓는 것을 말한다. - 옮긴이
나는 이 강의를 마친 뒤 즉흥적으로 질의응답 시간을 가졌다. 그때 나 자신에 대해 "반동 형성을 위해 살 준비가 되어 있지 않을뿐더러, 방어기제를 위해 목숨을 바칠 생각도 없다"고 말해 주었다.

의미를 향한 소리없는 절규

을 수만 있다면, 그로 인한 고통을 각오하고 희생을 감내하며 필요하다면 생명까지도 바친다. 반대로 의미를 잃으면 인간은 자살 충동을 느낀다. 자신이 필요한 모든 것을 충족한 경우에도 인간은 그렇게 한다. 전통의 심리요법은 이를 간과했거나 망각한 것이다.

다음의 보고서는 이런 사실을 더욱 확신하게 했다. 미국의 한 대학에서 자살 충동을 느낀 적이 있는 학생 60명을 대상으로 조사했는데, 그중 85퍼센트의 학생들이 그 이유를 "삶이 무의미해 보여서"라고 답했다. 더 중요한 사실은 삶의 의미 상실로 고통 받고 있는 학생 중에서 93퍼센트는 "사회활동에 적극적이고, 성적도 우수하며, 가족들과의 관계도 양호한 상태였다"는 점이다. 이는 '의미를 향한 소리없는 절규'라고 할 수 있다. 이 현상은 특정 대학에 국한된 이야기가 아니다. 미국 대학생들의 엄청난 자살률을 생각해 보라. 사망 원인 빈도에서 교통사고에 이어 두 번째를 기록하고 있다. 게다가 자살을 '시도'해 본 학생은 자살자의 무려 15배에 이른다.

풍족한 사회, 복지국가라는 곳에서 이런 일이 일어난다. 우리는 아직도 오랫동안 품어 왔던 꿈을 꾼다. 사회·경제적 여건이 개선되면 모든 갈등이 풀리고, 모두가 행복해질 것이라는 꿈이다. 하지만 실상은 그렇지 않다. 생존 투쟁이 진정되면서 한 가지 의문이 등장했다.

무엇을 위한 생존이냐? 인류 역사상 가장 많은 사람들이 풍족한 삶을 살고 있는데, 생존의 의미는 가장 빈곤한 시대에 살고 있다.* 반면 불운하고 비참한 상황에 놓인 사람들이라도 행복을 느낄 수 있다. 미국의 주교도소에서 생활 중인 한 수감자의 편지를 인용한다.

"여기 교도소에는 봉사하고, 성장할 수 있는 기쁨에 찬 기회들이 더 많습니다. 나는 그 어느 때보다 진정으로 행복합니다."

이 대목을 주목하라. 감옥에서 어느 때보다 행복하다. 얼마 전에 덴마크 출신의 의사에게서 편지를 받았다.

"지난 반 년 동안 사랑하는 아버지가 암 투병 생활을 했습니다. 그분이 돌아가실 때까지 3개월 동안 우리집에 모셔 놓고 아내와 함께 돌봐드렸지요. 그 3개월은 우리 인생에서 가장 축복받은 시간이었습니다. 그 말을 하고 싶어요. 물론 의사와 간호사로서는 모든 것을 처리할 수 있는 여건을 갖추고 있었지요. 그러나 아버지에게 저녁마다 프랭클 박사님의 책을 읽어드렸던 기억은 평생 잊지 못할 것

---

* 이런 상태는 종족발생학적(phtlongenic)인 수준보다는 개체발생학적(ontogenic)인 수준에 비견된다. 하버드 대학 시절 나의 조교는 조사를 통해 매우 성공을 거둔 졸업생들 가운데 상당수가 외견상 행복해 보일 뿐, 성공의 의미를 자문하면서 깊은 무상감에 빠져 있음을 밝혔다. 오늘날 자주 거론되는 '중년의 위기(mid-life crisis)'도 의미의 위기가 아닐까?

의미를 향한 소리없는 절규

입니다. 그 3개월 동안 아버지는 자신의 병이 돌이킬 수 없다는 것을 알았습니다. 그러나 아무런 푸념도 하지 않았어요. 저는 마지막 날 저녁까지도 우리가 최후의 순간들을 가까이 보낼 수 있어 얼마나 행복한지를 얘기했지요. 또한, 만약 아버지가 심장마비로 순식간에 돌아가셨다면 우리가 얼마나 불행했겠는지도 얘기했어요. 이런 깨달음을 책뿐만이 아니라, 경험에서 터득했습니다. 저도 아버지처럼 마지막 운명을 맞게 되기를 바랍니다."

거듭 강조하건대, 누군가는 비극에 맞닥뜨리고 고통 속에 있으면서도, 의미를 기대하며 행복감을 느낀다. 의미에는 진정 치료의 힘이 있다.

그렇다면 '의미를 통한 요법'이라는 주제에는 모든 신경증과 갖가지 증상의 원인이 의미의 결핍이라는 뜻을 함축하고 있는가? 그렇지 않다. 내가 전하고자 하는 것은, 의미가 결여되어 있을 경우, 그 정신적 공허를 채우는 것이 치료와 같은 효과를 본다는 사실이다. 그 신경증상이 공허함에서 비롯된 게 아니더라도 마찬가지이다. 이런 관점에서 위대한 의학자 파라셀수스(Paracelsus : 1493~1541)의 언명은 타당한 것이다. 모든 질병은 자연계에서 유래하고, 그 치료법은 정신계에서 나온다.

좀 더 전문적인 로고테라피의 언어로 설명하면, 신경 질환들이 언제나 의미 상실감에서 비롯된 누제닉noogenic은 아니라는 것이다. 여전히 심인성(心因性, psychogenic) 신경증*의 근원에는 조건형성과 학습과정뿐만 아니라, 정신역학도 자리를 잡고 있다.

그러나 이런 병인성(病因性, pathogenic)의 요소들을 넘어선 특별한 인간 현상들, 바로 인간의 의미 추구와 같은 요소가 있음을 로고테라피는 주장한다. 이런 요소들에서 실패했을 때에도 신경증이 유발된다는 사실을 인정하지 않으면 우리는 이 시대의 질병을 이해할 수 없고, 방치하게 된다.

이런 맥락에서 우리는 인간이라는 차원, 로고테라피에서 일컫는 말로 누제닉의 차원은 심리학적 차원을 넘어선 고차원이다. 그러나 고차원이라는 말은 저차원보다 더 포괄적, 포섭적임을 의미한다. 개별적 차원에서 이루어진 연구 결과들은 상호 배타적일 수 없다. 인간의 독특성과 인간성은 심리학적으로나, 생물학적으로 그가 여전히 동물의 일종이라는 사실과 배치되지 않는다.

그래서 확실한 정신역학적, 행동주의적 연구 결과를 모두 활용하고, 그것들의 기초적 기법을 새로운 연구에 활용하는 것은 매우 합당한 것이다. 이런 기법들은 환자를 인간의 차원에서 탐구하는 로고테라피와 통합될 때 그 치료 효과가 나타나는 것이다.

---

* 정신 질환(psychosis)의 원인은 일반적으로 내인(內因)·외인(外因)·심인(心因)으로 나뉜다. 내인은 소질과 유전, 성별·연령·민족의 차이 등도 문제가 된다. 외인은 후천적으로 신체, 특히 뇌에 가해진 신체적 원인이다. 심인은 정신적·심리적 원인을 뜻한다. 프랭클이 명명한 'noogenic'은 이들과 다른 차원의 원인을 범주화한 것이다. - 옮긴이

생물학적 차원도 언급되어야 한다. 사실 심리학적 요소들과 함께 신체적 요소 역시 정신 질환의 병인학 etiology에 포함된다. 적어도 정신병(신경증보다는)의 병인학에서 생화학과 유전학은 중요하게 다루어진다.

마지막으로 우리는 사회원인성 신경증 sociogenic neurosis도 있다는 사실을 주목해야 한다. 이 증상은 특히 현대의 집단신경증 mass neurosis에 적용되는데, 말 그대로 의미 상실감을 지칭한다. 이 증상을 가진 환자들은 더 이상 열등감이나 성적 절망감을 토로하지는 않는다. 그들이 병원으로, 상담소로 몰려들게 만드는 이유는 실존의 절망감, 즉 '실존적인 공허' existential vaccum이다. 이 말은 내가 1955년부터 신조어로 사용했던 것인데, 그런 질환에 대해서는 1946년에 논문으로 발표했다.

알베르트 카뮈(Albert Camus : 1913~1960)는 이렇게 주장한 적이 있다.

"정말 심각한 문제는 어떤 삶이어야 하는지에 대한 판단이 아니라, 삶의 가치가 없다는 것이다."

최근 한 보고서를 보면서 이 말을 거듭 상기하게 됐다. 삶의 의미에 대한 실존적 의문과 탐구가 성적 고민보다 사람들을 더 괴롭히고 있다는 것이다. 한 고등학교 교사들은 학생들에게 어떤 문제라도 털어 놓을 수 있는 기회를 만들었다. 물론 익명 상담을 허용했다. 학생들의 고민은 약물 중독, 성욕 감퇴 등 천차만별의 인생 문제가 등장했다. 가장 많이 제기된 주제는 바로 자살이었다. 이게 믿기지 않는 사람도 있겠지만, 예전부터 내가 주장해 온 사실이기도 하다.

그런데도 우리 사회는 왜 이런 실태에 눈을 감고 있는가? 우리는 사회원인성 신경 질환을 옳게 진단할 수 있는가? 현대사회를 생각해 보자.

그 사회는 모든 욕구를 만족스럽게 충족시키고 있다. 단 한 가지 예외는 의미에 대한 욕구이다. 누군가는 몇몇 욕구들의 경우, 현대사회가 조장해낸 것이라고 주장할지 모른다. 그러나 의미에 대한 욕구는 이 시대의 엄청난 풍요 속에서, 또 그런 풍족함에도 불구하고 충족되지 않은 채 남아 있다.

이 시대의 풍요로움은 넘쳐나는 상품뿐만 아니라, 여가시간에서도 나타난다. 이 연관성 속에서 제리 만델(Jerry Mandel)의 주장에 귀를 기울일 필요가 있다.

"기술문명이 인간에게서 생존 기술을 사용하려는 욕구를 빼앗아버렸다. 그래서 우리는 자신을 위해 어떤 노력을 하지 않아도 생존할 수 있는 복지 시스템을 발전시킨 것이다. 기술문명은 미국 내 15퍼센트의 노동력만으로도 전체 인구의 욕구를 충족시킬 수 있게 해준다. 이는 두 가지 문제를 야기한다. 15퍼센트는 노동을 하지만, 나머지 85퍼센트는 노동을 하지 않아도 된다. 그들은 자신들이 불필요하다는 사실을 어떻게 받아들여야 할까? 그에 수반되는 삶의 의미 상실은 또 어찌해야 하는가? 로고테라피는 이미 문제점이 지적된 20세기보다 21세기에 더욱 절실해질 것이다."

오늘날에는 실업으로 인한 의도하지 않은 여가문제도 다루어야 한다. 실업은 '실업 신경증'unemployment neurosis이라는 질병을 낳을 수 있다. 이 점은 1933년에 처음 제기한 바 있다. 그러나 다시 진행된 연구 결과를 보면, 이 질환의 실제 원인은 실업자가 스스로 쓸모없다고 자각하고, 그래서 의미 상실감에 이르는 정신적 혼란에 있음이 드러났다. 재정적인 실업수당, 혹은 사회보장제도로는 충분하지 않다. 인간은 복지만으로 살 수는 없다.

복지사회의 전형성을 보여주는 오스트리아를 보자. 이 나라는 축복받은 사회보장제도를 갖추고 있고, 실업으로 얼룩지지도 않았다. 하지만 국무총리는 국민들의 심리학적 상태에 대한 우려를 표명했다.

"오늘날 가장 긴급하고 중요한 현안은 삶이 무의미하다는 생각에 대응하는 것이다."

의미 상실감, 실존적 공황은 실제로 집단신경증으로 분류될 수 있을 정도로 확산일로에 있다. 그런 현상은 자본주의 국가는 물론, 공산주의 국가들에서도 관측되고 있음을 각종 학술 출판물들이 광범하게 입증하고 있다. 제3세계에서도 목격된다.

이런 현상은 집단신경증의 병인론과 증상에 대한 문제를 제기한다. 증상의 경우, 이렇게 설명할 수 있다. 인간은 다른 동물들과 달리 충동과 본능을 '반드시 해야 할 일'로 훈육되지 않는다. 그리고 과거와 달리 더 이상 전통이나 전통적 가치의 준수를 요구받지도 않는다. 현대인들은 이런 지향성의 결핍으로, 자신들이 무엇을 하고 싶은지를 모를 때가 있다. 그 결과는 어떠한가? 사람들은 다른 사람들이 하는 것을 따라 하거나(체제순응주의), 다른 사람들이 자신에게 기대하는 것을 한다(전체주의).

제임스 C. 크럼바우(James C. Crumbaugh), 레너드 메홀릭(Leonard T. Maholick), 엘리자베스 루카스(Elisabeth S. Lukas), 버나드 댄사트(Bernard Dansart)는 특정 집단의 실존적 좌절감의 정도를 조사하려고 다양한 로고테라피 테스트를 개발했다. 이를 통해 실존적 공허의 기원에 대한 나의 가설을 확인하고, 입증할 수 있는 것이다.

의미 상실의 문제를 전통성의 소멸에 기인한다고 보는 견해에 대해, 캘리포니아 대학 다이아나 영(Diana D. Young) 교수의 논문에서 몇 가지 확실한 단서를 찾을 수 있다. 그녀는 실험과 통

의미를 향한 소리없는 절규

계조사를 통해 젊은층이 장년층보다 더 실존적 공허로 인한 고통을 받고 있음을 입증했다. 전통의 쇠퇴가 두드러진 쪽도 젊은층이기 때문에, 이런 연구 결과는 전통 붕괴가 실존적 공허를 설명하는 중요한 요소라는 점을 시사한다. 이는 미국 워싱턴의 이스트사이드 정신병원(East Side Mental Health Center)의 캐롤 마샬(Karol Marshal) 연구원의 발표와도 일맥상통한다.

"30세 이전 세대가 센터를 찾아오는 이유를 특징지어 보면, 목적상 실감^{purposelessness}이다."

젊은층에 관해 논의를 하다 보면, 미국의 주요 대학에서 순회 강의를 가졌던 시절을 떠올리게 된다. 당시 학생회측은 강의 제목을 〈신세대는 미쳤는가?〉로 해달라고 고집했다. 우리는 이제 의미 상실로 고통 받는 사람들이 실제 신경증을 앓고 있는지, 그렇다면 어떤 증상인지 파악해야 할 시점에 이르렀다. 간단히 줄이면 그 질문은 이렇다.

'우리가 이른바 집단신경증이라고 부르는 것이 정말 신경성 질환인가?'

우선 실존적 공허의 증후를 간단히 살펴보자. 나는 집단신경증의 3요소로 우울^{depression}, 공격성^{aggression}, 중독^{addiction}의 결합을 꼽는다. 우울과 그 종착점인 자살에 대해서는 앞서 상술했다.

공격성은 스포츠를 연상하면 된다. 여기서는 세 번째 요소만을 다루고자 한다. 우울, 공격성과 함께 중독 역시 의미 상실감을 역추적하는 데 결정적임을 보여주려는 것이다.

내가 이 가설을 발전시키는 데 수많은 학자들이 지원해 주었다. 베티 루 파델포드(Betty Lou Padelford)는 〈삶의 목적과 약물 연루의 관계에 대한 인종적 배경, 성별, 아버지의 이미지의 영향〉(미국 샌디에고, U. S. 인터내셔널 대학, 1973년 1월)이라는 논문을 썼다. 이 논문은 416명의 학생을 대상으로 설문조사한 것인데, 강한 아버지 상을 갖고 있는 학생과 약한 아버지 상을 갖고 있는 학생들 간의 약물중독도에서 중요한 차이를 발견하지 못했다. 그러나 약물중독도와 목적 상실 간에는 오차한계를 넘는 상관성을 보여주었다. 삶의 목적성이 낮은 학생들의 평균 약물연루도(8.90)와 목적성이 높은 학생들의 약물연루도(4.25) 사이에 큰 차이가 발견된 것이다.

파델포드 박사는 또한 나의 실존적 공허 가설을 지지하는 입장에서 비평 활동을 벌이고 있다. 나울리스(Nowlis)는 학생들이 약물에 현혹되는 이유에 역점을 두었는데, 가장 많은 대답은 "삶의 의미를 찾으려는 욕구"였다. 미국의 국립 마리화나 약물 남용 방지위원회의 의뢰로 샌디에고 지역 455명의 학생을 대상으로 설문조사를 하였는데, 약물 사용자들이 비사용자들보다 더 많이 삶의 의미 상실로 고민해 왔거나 고통을 겪어 왔음을 보여주었다.

미린(Mirin) 등이 참여한 또 다른 조사는 과도한 약물 사용자는 의미 있는 경험에 대한 추구, 그리고 목적의식적인 활동의 감소와 상관성이 있음을 확인했다. 린(Linn)은 1968년 밀워키의 윈스콘신 주립대에서 대학생 700명을 상대로 조사했는데, 마리화나 사용자는 비사용자보다 삶의 의미에 대해 더 큰 관심을 갖고 있음을 밝혔다.

크리프너(Krippner) 등은 약물 사용이 실존적인 문제를 갖고 있는 사람들에게는 심리요법에 따른 자가 처방의 한 형태라고 정식화했다. 약물 사용자들에게 "모든 것이 의미 없어 보이느냐?" 하고 질문했는데, 100퍼센트가 긍정했다는 것이다. 쉰(Shean)과 페히트만(Fechtmann)은 마리화나를 6개월 동안 상습적으로 피운 학생들은 크럼바우의 삶의 목적도Purpose-in-Life, PIL 실험에서 수치가 비사용자보다 매우 낮게 나왔다.

이에 비견할 만한 연구 결과들이 알콜 중독에서도 나왔다. 앤마리 폰 포트마이어(Annemarie Von Fortmeyer)는 논문에서 알콜 중독자 20명 중에 18명이 자신들의 존재가 의미를 상실했거나 목적성이 없는 것으로 여긴다는 사실(U. S. 인터내셔널 대학, 1970)을 보여주었다.

이와 함께 로고테라피적인 요법이 다른 요법들보다 효과면에서 우위라는 점이 입증됐다. 크럼바우는 알콜 중독자 집단을 상대로 로고테라피로 치료한 경우와 마라톤 프로그램을 실시한 경우를 비교해 실존적 공허의 정도를 측정한 결과, "로고테라피만이 통계학적으로 의미있는 호전도를 나타냈다"고 결론지었다.

로고테라피가 약물 중독 치료에 효과가 있다는 것은 캘리포니아 나코의 마약 중독 치료 센터 알빈 프레이져(Alvin R. Fraiser)가 입증했다. 그는 1966년부터 마약 중독자들에게 로고테라피를 적용한 결과, "이 병원 역사상 처음으로 3년 연속 가장 높은 성공률(여기서 성공이란 중독자가 병원을 나간 뒤 1년 이내에 돌아오지 않은 것을 말한다)을 기록했다"고 밝혔다. 중독자들에게 로고테라피적인 접근법을 적용했더니 3년 동안 40퍼센트의 성공률을 기록했다는 것이다. 그 병원의 평균 성공률은 11퍼센트였다.

집단신경증에는 3대 요소 이외에도 다른 증상들이 잠재되어 있거나 표면화될 수 있다. 의미 상실감이 정신병을 만드는지, 아닌지에 대한 질문으로 되돌아가 보자. 프로이트는 보나파르트 공주*에게 보낸 서신에서 "누군가 삶의 의미와 가치에 대해 요구하고 있다면, 그는 아픈 사람이다"라고 썼다.

그의 말은 옳다. 그러나 이것이 정신적 질환을 드러냈다고 보기는 힘들다. 누군가 삶의 의미를 걱정하고 있는 것은 자신의 인간성을 증명하고 있는 것이다. 삶의 의미를 추구하는 것이 신경증

---

* 1938년 3월 프로이트 가족은 어니스트 존스(Ernest Jones)와 마리 보나파르트(Marie Bonaparte) 공주의 도움으로 나치 체제의 오스트리아로부터 탈출해서 런던에 정착한다. - 편집자

의미를 향한 소리없는 절규

에 반드시 필요한 요소는 아니다. 그러나 진정한 인간 존재가 되는 데는 필수적이다. 결국 의미에 대한 추구는 인간 존재의 독특한 특징이다. 다른 동물들은 생존의 의미에 대해 개의치 않지만, 인간은 다른 것이다.

2

의미에 대한 의지

The Unheard
Cry for Meaning:
Psychotherapy
and Humanism

의미를 향한 의지

인간은 항상 의미에 다다르려 한다. 항상 자신의 의미 탐구에 나선다. 나의 표현법인 '의미에 대한 의지' will to meaning 는 '인간 제1의 관심사'로 여겨진다. 에이브러햄 마슬로우*는 내 논문에 대해 그런 평가를 해주었다.

의미에 대한 의지는 분명히 현대사회에서 충족되지 못한 채 남아 있고, 현대 심리학에서도 등한시되고 있다. 현대의 동기 이론 motivation theory 은 인간을 자극에 반응하거나, 충격을 소산하는 존

---

*Abraham Maslow : 1908~1970, 미국의 심리학자로 인본주의 심리학의 창설을 주도했다. 생리적 욕구에서 부터 사랑, 존중, 자기 실현에 이르기까지 충족되어야 할 욕구에 위계가 있다는 욕구 5단계설을 주장했다. - 옮긴이

재로 본다. 그러나 이 학파는 실제로 인간이 응답한다고 보지 않는다. 삶에 대한 자문에 대답하고, 그러는 과정에서 삶이 던지는 의미를 채우는 존재로 간주하지 않는다.

혹자는 삶의 의미 추구가 사실이 아니라 신념이라고 주장할 수 있다. 사실은 내가 1938년에 이른바 '심층 심리학'*, 즉 정신 역학에 편중된 심리학을 보완하려 '고차원 심리학' height psychoplogy 이란 신조어를 고안했을 때부터 인간을 과대평가한다는 비난을 받았다. 인간을 너무 높은 곳에 올려 놓았다는 것이다. 여기서 이해를 돕기 위해 한 가지 비유를 하겠다.

항공 분야에는 '크래빙' crabbing**이라는 동작이 있다. 가령 북쪽에서 맞바람이 불고 있는데, 항공기가 가야 할 곳은 동쪽이라고 하자. 이런 상황에 동쪽으로 항해하면 동남쪽으로 표류하면서 제 목적지를 놓치고 만다. 목적지로 제대로 가려면 이런 표류 때문에 '크래빙'을 해야 한다. 원래 지향해야 할 방향보다 약간 북쪽으로 날아가야 하는 것이다. 인간에게도 마찬가지이다. 인간은 더 높은 열망을 품고 더 높은 곳을 바라보지 않으면, 그가 도달할 수 있는 지점보다 낮은 곳에서 끝나고 만다.

인간이 자신의 잠재성의 최고점에 도달하려면, 먼저 인간의

---

* 심층 심리학(depth psychology)은 프로이트가 자신의 심리학, 즉 정신분석의 특징을 설명하기 위하여 만들어낸 용어를 말한다. - 옮긴이
** 크래빙은 비행기를 비스듬히 날도록 조정하는 것을 말한다. - 옮긴이

의미를 향한 소리없는 절규

실존과 현존을 확신해야 한다. 그렇지 않을 경우 인간은 '표류' 하고, 추락한다. 인간의 잠재성에는 최저점도 있기 때문이다. 인간의 잠재적 인간성에 대한 믿음 때문에 인간다운 인간이 항상 소수라는 사실을 가릴 수는 없다. 하지만 그 소수에 끼려 각자가 도전한다는 것 또한 사실이다. 그런 상황은 안 된 일이지만, 개선하려 노력하지 않으면 모든 것은 더 악화될 뿐이다.

그래서 의미에 대한 의지를 단지 희망사항으로 삼았다가 잃기보다는, 자기 달성적인 예언으로 더욱 당당하게 간직해야 할 것이다. 아나톨 브로야드(Anatole Broyard)는 이런 말을 남겼다.

"만약 'shrink' (본래 뜻은 위축, 정신분석가를 지칭하는 속어로도 쓰인다)가 프로이트학파 사이에 쓰이는 속어이지만, 로고테라피 신봉자들은 'stretch' (확장)로 불려져야 한다."

로고테라피는 인간에 대한 개념뿐만 아니라 환자들의 비전을 확장시켰다. 그들이 북돋워야 할 잠재성과, 성장시켜야 할 의미에 대한 의지를 갖게 했다. 동전의 양면처럼 다른 한쪽에서 로고테라피는 많은 'shrink' 들이 그럴싸하게 포장했던 비인간화된 기계적인 인간 개념들에 대항할 수 있도록 환자들을 '면역' 시켜 주었다. 한마디로 환자를 'shrink-resistance' (정신과의사 저항군)로 만든 것이다.

인간을 너무 고차원으로 생각하지 말라는 주장은, 인간을 과대평가하는 것이 위험하다고 지레 예단하는 것이다. 그러나 인간을 과소평가하는 것이 더 위험하다. 이는 괴테*가 일찍이 지적한 것이다. 인간, 특히 젊은 세대는 과소평가를 받는 것 때문에 타락할 수 있다. 그들이 '의미에 대한 의지'와 같은 인간의 고차원적인 열망을 인식한다면 그 힘을 모아 활용할 수 있을 것이다.

의미에 대한 의지는 신념의 문제일 뿐만 아니라 현실적인 사실이다. 이 개념은 1949년 내가 처음 제기한 이후 여러 학자들이 실험과 통계조사로 이를 실험적으로 확증해 주었다. 삶의 목적도 테스트^{PIL, Purpose-in-life Test}는 제임스 크럼바우와 레오나도 T. 메홀릭이 고안해냈다. 이 실험은 엘리자베스 S. 루카스의 로고 테스트 ^{Logo-Test}와 함께 수천 가지 주제의 연구에 적용되었고, 이를 통해 얻어진 자료들은 의미에 대한 의지가 의문의 여지가 없는 진실이라는 점을 입증해 주었다.

나 역시 크라토치빌(S. Kratochvil)과 유사한 연구를 수행했다. 체코의 브르노 대학 심리학과 플래노바(Planova) 교수는 "의미에 대한 의지는 실제로 다른 욕구로 대체될 수 없는 특별한 욕구이며, 그 정도는 사람들에 따라 다양하게 나타난다"는 사실을 입증했다.

---

* 괴테(Geothe)는 그의 소설 《젊은 베르테르의 슬픔》을 지칭한 것이다. - 옮긴이

"이 욕구의 불만을 야기하는 관련성은 신경증과 우울증 환자들에 대한 구체적인 사례 연구로 증명되었다. 의미에 대한 의지가 욕구 불만인 상태는 신경증, 혹은 자살 충동의 근본 원인에서 병인학적 요소로 관련성을 갖고 있다."

미국교육위원회가 출간한 설문조사 결과도 시사하는 바가 크다. 17만 1,509명 대상의 조사에서 높은 목적성을 가진 68.1퍼센트의 학생들은 "삶의 의미성에 대한 개인적인 철학을 개발하고 있는" 것으로 나타났다. 존스홉킨스 대학이 국립정신병원의 의뢰를 받아 48개 대학 7,948명의 학생을 상대로 조사한 결과도 있다. 이 조사에서는 삶의 첫 번째 목적이 무엇이냐는 질문에 16퍼센트의 응답자들이 "돈을 많이 버는 것"이라고 답했다. 반면 78퍼센트의 학생들은 "내 삶의 의미와 목적을 찾는 것"이라고 응답했다.

이와 같은 결과는 미시간 대학의 연구에서도 찾을 수 있다. 직장인 1,533명을 대상으로 직업을 갖는 다양한 목적을 중요도 순서대로 나열하도록 했는데, "많은 보상"은 한참 떨어진 5위에 불과했다. 뉴욕 주립대의 조셉 카츠(Joseph Katz) 교수는 몇 번의 여론조사 결과를 토대로 "취업 전선에 뛰어드는 다음 세대들은 돈이 아니라 의미 있는 경력에 관심을 두게 될 것"이라고 강조했는데, 자명한 전망일 것이다.

앞서 얘기한 국립정신병원의 연구 결과로 돌아가 보자. 조사

대상 중에 78퍼센트의 학생들이 제1 목적을 '삶의 의미 찾기'라고 답했다. 폴란드의 젊은층 대상의 조사에서는 이와 똑같은 비율의 학생들이 삶의 최고 목적에 대해 완전히 다른 답을 내놓았다(쿠리어(Kurier), 1973년 8월). 바로 "삶의 표준 개선"이다. 마슬로우(Maslow)의 욕구 위계hierarchy needs가 여기에 적용될 수 있다.

첫 번째는 만족스러운 삶의 표준 달성이다. 그 후에 삶의 목적과 의미 찾기에 접근할 수 있다. 미국 학생들과 같은 상태인 것이다. 여기서 문제는 행복한 삶을 구가하는 것이 오로지 사회·경제적 상황의 개선만으로 가능한지 여부이다. 가령 돈을 많이 벌면 정신분석가를 사서 정신 문제를 해결할 수 있지 않느냐는 것이다.

단언하건대, 그렇지 않다. 몸이 아파서 건강하기를 바라는 사람에게는 최상의 인생 목표가 건강일 것이다. 그러나 실상 건강은 최종 목표에 도달하는 데 수단이나 다름없다. 진정한 삶의 의미를 무엇이라고 여기든지 간에, 그것을 얻는데 있어서 건강은 하나의 전제조건인 것이다. 그런 경우에는 그 수단의 이면에 있는 목표를 먼저 찾는 것이 최우선 과제이다. 그런 의미 찾기 과정은 소크라테스의 대화법* 같은 방식이 적당하다.

마슬로우의 욕구 이론은 여기서 언급하기에 적당하지 않다.

---

* 여기서는 어떤 사람이 이미 알고는 있지만 자신이 알고 있다는 사실을 모르는 경우, 대화를 통해 자신이 어떤 사실을 알고 있음을 깨닫게 해주는 방법인 산파술을 말한다. - 옮긴이

우리에게 필요한 것은 높은 욕구와 낮은 욕구 간에 차이가 아니다. 개개의 목적이 단지 수단인지, 아니면 의미를 지니고 있는지 하는 물음에 대한 답변이다. 우리는 모든 생활에서 그 차이를 완전히 알고 있다. 그렇지 않다면 인기 만화에서 스누피가 인생무상과 공허를 불평하는 장면에서도 웃음이 나오지 않을 것이다. 찰리 브라운이 개밥이 가득한 그릇을 갖고 오는데, 스누피가 "아! 인생의 의미여!"라고 한숨을 짓는데도 말이다. 우리를 웃게 만드는 것은 정확히 수단과 의미가 뒤바뀌었기 때문이다. 음식은 분명히 생존에 필요한 조건이다. 하지만 삶에 의미를 부여하고, 무상감과 공허감을 더는 데는 충분하지 않다.

마슬로우가 낮은 욕구와 높은 욕구를 구분한 것으로는 낮은 욕구가 충족되지 않을 경우 '의미에 대한 의지'처럼 높은 욕구가 가장 화급해지는 이유를 설명하지 못한다. 단순하게 독일 나치의 강제수용소나 죽음의 순간을 생각해 보자. 그런 상황에서 누가 의미에 대한, 억제할 수 없이 분출되는 궁극적인 의미에 대한 갈구를 부인할 수 있겠는가?

임종의 순간에 대해서는 설명이 필요하지 않을 것이다. 테레지안스타트의 유대인 강제수용소에서 벌어진 일은 불분명할지 모른다. 젊은 수용자 1,000명을 태운 수송선이 다음날 아침 출발할 예정이었다. 아침이 되자 수용소의 도서관이 밤 사이 습격당한 사실이 알려졌다. 아우슈비츠 수용소로 옮겨져 죽음을 맞을 운명이었던 젊은이들 각자가 좋아하는 시인, 과학자, 소설가의 책을 훔쳐 가방에 몰래 숨겨둔 것이다. 이런데도 브레히트(Bertold Brecht : 1898~1956, 독일의 극작가)가 "첫째가 먹을 것이요, 윤리는 그 다음"이라고 말한 것은 옳다고 누가 나를 설득할 수 있겠는가?

그러나 우리가 목도했듯이, 극단적 상황뿐만 아니라 풍요도 의미 추구를 유발할 수 있다. 그 사례가 어떻든지 간에, 풍요가 의미에 대한 의지에 불만족을 야기할 수 있다. 이는 일반적인 풍요, 그리고 특히 여가시간이라는 형태의 풍요에도 해당된다. 낮은 욕구에 대한 만족이건, 불만족이건 간에 두 경우 모두가 인간에게 의미 추구를 추동한다. 이는 의미에 대한 욕구가 다른 욕구들과 독립적이라는 뜻이다. 그래서 그 욕구를 다른 것으로 대리충족하거나, 다른 욕구에서 추출할 수 없다.

의미에 대한 의지는 인간의 인간성에 대한 진정한 선언이자, 정신 건강 판별의 믿을 만한 기준이다. 이 가설은 제임스 크럼바우, 메리 라파엘 수녀, 레이몬드 슈레더의 연구로 입증되었다. 그들은 제대로 동기부여된 전문직 종사자나 사업가들의 경우 '의미에 대한 의지'의 정도가 높다는 사실을 밝혀냈다. 반대로 의미와 목적을 상실한 사람들은 감정적 부적응maleadjustment 증상을 나타낸다. 이는 엘리자베스 루카스가 실험적 연구로 입증했다. 알버트 아인슈타인(Albert Einstein)은 "자신의 삶을 무의미하다고 여기는 사람은 단순히 불행할 뿐만 아니라 삶에 적응하기 힘들다"고 말했

다. 현대 심리학에서는 의미에 대한 의지가 '생존 가치' survival value
를 지니고 있다고 말한다. 이것이 내가 아우슈비츠와 다카우(2차
대전 당시 독일군이 설치한 유대인 강제수용소)에서 3년 동안 견디면
서 터득해야 했던 교훈이다. 다른 사정이 같다면, 수용소에서 살
아남고자 하는 가장 큰 동인은 미래지향적인 대상이었다. 미래에
그들을 기다리고 있는 일과 사람, 미래에 스스로 채워 넣어야 하
는 의미를 향한 것이었다.*

　그 강제수용소에 관해 책을 쓴 사람들은 나와 같은 결론에 도
달했다. 일본, 북한, 북베트남의 전쟁포로수용소에 관한 연구조사
를 벌인 정신분석가들의 결론도 마찬가지였다. 북베트남의 포로
수용소에서 7년이 넘는 기간 동안 억류된 경험을 가진 세 명의 미
국 장교를 가르친 적이 있다. 그들 역시 자신들을 기다리고 있는
어떤 것, 또는 어떤 사람이 있다는 것이 살고 싶다는 생각을 갖게
했다는 것을 알고 있었다. 이것이 전하는 메시지(유산)는 인간의
생존은 '무엇을 위해서' What for, 또는 '누구를 위하여' whom for라는
지향점에 좌우된다는 것이다. 한마디로 실존은 자아 초월 능력에
달려 있다.

---

*아우슈비츠나 다카우와 같은 극한적 상황에서 인간을 지탱하는 것이 있다면, 그것은 미래에 충족
　시켜야 할 삶의 의미가 있다는 자각이다. 그러나 의미와 목적은 생존의 충분조건이 아니라, 필요조
　건일 뿐이다. 수백만 명이 의미와 목적에 대한 비전에도 불구하고 죽음을 맞구해야 한다. 그들의 신
　념이 목숨을 구해 주지는 않는다. 하지만 그것은 그들이 고개를 높이 들고 의연하게 죽음을 맞이할
　수 있게 해준다.

이는 1949년에 내가 로고테라피를 제안할 때 제시한 개념이다. 인류학에서 근본적인 사실은 인간 존재란 자신이 아니라 어떤 사람, 어떤 대상을 항상 지목하고 지향한다는 것이다. 자신이 채워야 할 의미, 혹은 조우해야 할 사람, 보살피거나 사랑해야 할 이유를 지향한다. 이런 인간 실존을 위한 자아 초월적인 삶을 살았을 경우에만 진정한 인간인 것이고, 진정한 자신이 될 수 있는 것이다. 그렇게 된다면, 자아 실현에 대해 고민하지 않고, 자신을 잊고 관조하면서, 바깥 세상에 초점을 맞출 수 있게 된다.

사람의 눈을 생각해 보라. 내가 인용하고 싶은 유사점이 있다. 거울에서 외면하면 눈은 모든 것 자체를 본다. 백내장에 걸린 눈은 대상을 구름처럼 본다. 그것이 백내장이다. 녹내장인 눈은 빛 주변에 무지개와 같은 녹내장을 본다. 눈 자체의 이상 현상을 보는 것이다. 하지만 건강한 눈은 그것 자체에 대해서는 아무것도 볼 수 없다. 그것이 자아 초월이다.

이른바 자아 실현self-actualization이란 자아 초월의 의도하지 않은 결과로 파악해야 한다. 그렇게 남아야 한다. 자아 실현을 의도적인 목표로 삼는 것은 자기 파괴적이고, 자멸적인 것이다. 자아 실현도 실상은 정체성과 행복에 집착한다. 행복을 없애는 것은 바로 '행복에 대한 추구'이다. 우리가 행복에 집착할수록 더 많은 행복을 놓치게 된다. 성적 신경성 질환은 하나의 결과이다. 남성 환자가 자신의 잠재성을 끌어내 보이려 하면 할수록 더욱 좌절감에 빠지게 된다. 여성 환자가 오르가즘에 도달할 수 있는 능력을 보여주고 싶어하면 할수록, 불감증에 귀착될 가능성이 더 높다. 로고테라피와 그 기법을 치료에 정확하게 적용하는 법을 다룬 부분(이 책의 후반부의 〈역설적 의도와 방관〉)을 참조하기 바란다. 여기서는 요점을 설명하는 적절한 사례 자료를 담고 있다.

캐롤린 우드 쉐리프(Carolyn Wood Sherif)의 유명한 실험을 보면, 집단 공격성은 젊은층에서 형성된다. 그러나 진흙탕에서 수레를 끌어내는 공통 과제에서 서로 단결했을 경우, 그들은 공격적으로 살고 있다는 사실을 까마득히 잊어버렸다. 혹자는 그들의 '의미에 대한 의지'에 장악됐다고 말할 것이다. 이것이 잠재적 공격성과 경향에 대한 진부한 이론을 개정하고, 새롭게 재정의해야 함을 의미하지는 않는다. 오히려 평화에 대한 연구가 '의미에 대한 의지'에 대한 연구를 겨냥해야 한다고 생각한다. 개별 인간이 진정 공통적으로 인류에 집착하는 것이 무엇인지를 설명해야 한다. 인간애의 생존 역시 인간들이 의미의 공통분모에 도달했는지 여부에 달린 것이 아니겠는가? 평화란 한 민족, 혹은 여러 민족들이 '공통'의 의미를 찾고, 공통의 의미에 대한 공통의 '의지'로 단결하는지 여부에 달려 있는 것이 아니겠는가 말이다.

그 해답을 나는 갖고 있지 않다. 올바른 질문을 던졌다는 것을 아는 것으로 만족한다. 그러나 최종적으로 각 국가들이 단결해 공통과제에 전념하고 대응할 때만 전 지구적인 생존에 희망이 있다고 볼 수 있다.

아직까지는 우리가 진행 중이라고 말할 수밖에 없을 것이다. 그러나 인간의 의미 추구는 명백히 우리 시대가 목도하고 있는 전 세계적인 현상이다. 이런 공통된 의미 추구라면 왜 공통의 목표와 목적을 이룰 수 없겠는가?

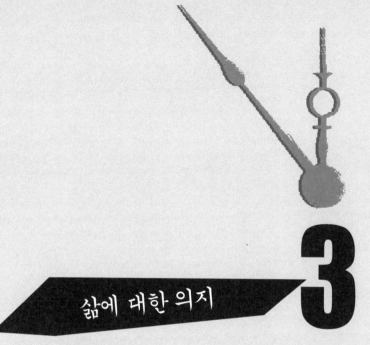

3

삶에 대한 의지

The Unheard
Cry for Meaning:
Psychotherapy
and Humanism

삶에 대한 의미

인간에게는 '의미에 대한 의지'가 있다. 하지만 '삶에 대한 의미' meaning to life도 있다. 다시 말해 지금까지 우리는 로고테라피의 특성 중에서 동기적 - 이론적 측면을 살펴봤다면, 이제는 '의미요법' logo-theory, 즉 의미에 대한 로고테라피 이론에 들어간다. 이 논의를 시작하기 위해 로고테라피 치료사 logotherapist가 과연 의미를 줄 수 있는지 자문해 보자.

우선 치료사는 의미를 빼앗을 수 없는 것으로 인식해야 한다. 그럴 수 있다는 것은 환원주의에 따라 조장된 것이기 때문이다. 그런 사례는 다음 장뿐만 아니라, 나의 다른 책에서도 수없이 언급되어 있다.

내가 열세 살 때 일어난 일을 돌이켜 보고자 한다. 당시 과학 선생은 학생들 사이를 왔다 갔다 하면서 "궁극적으로 삶이란 단지 연소의 과정, 산화의 과정에 지나지 않는다"고 가르쳤다. 나는 당시 학생들의 예의였던 허락도 받지 않고 벌떡 일어나 질문을 던졌다. "그렇다면, 삶이란 무슨 의미가 있나요?" 물론 그 선생은 대답할 수 없었다. 환원주의자였기 때문이다.

문제는 인생이 명백히 무의미하다는 절망 속에 있는 사람을 어떻게 도와야 하는지이다. 이 책의 초반부에 가치들(전통적 가치를 말한다)이 사라지고 있다고 밝힌 바 있다. 그 가치들은 전통에서 '유전'된 것인데, 지금 우리는 전통의 쇠락기에 직면해 있기 때문이다.

그렇지만 지금도 의미를 충분히 찾을 수 있다. 진실은 항상 특정한 구체적 상황을 통해 제 모습을 드러낸다. 그리고 각기 삶의 상황이 독특하고 유일하기 때문에, 의미의 상황도 각기 독특하고 유일하다. 그래서 의미가 전통을 통해 전달되는 것은 가능하지 않다. 단지 세계관적인 의미로 정의될 수 있는 가치들만이 전통의 쇠퇴에 영향을 받을 수 있는 것이다.

본능은 유전인자를 통해 유전되고 가치들은 전통을 통해 유전되지만, 의미들은 독특하고 유일하기 때문에 개인적인 발견에 달려 있다. 의미들은 스스로 구하고 찾아야 한다. 그런 유일한 의미의 발견은 모든 우주의 가치들이 사라진다 해도 가능한 것이다.

의미를 향한 소리없는 절규

그러나 어떻게 의미 발견이 실제로 일어날 수 있을까? 의미를 찾는 작업이 게슈탈트 인지과정^{Gestalt perception*}으로 요약된다는 사실을 지적해낸 것은 제임스 크럼바우 덕분이다. 나는 여기서 어떤 차이를 보게 됐다. 게슈탈트 인지과정으로 보면, 전통적인 문법에서 우리는 어떤 과거 경력에 비춰진 인물로 인지된다. 그러나 의미 찾기에서는 진실성에 깊이 새겨진 가능성을 지각한다. 이는 특히 우리가 직면하고 있는 상황에 대응해 뭔가를 할 가능성이다. 필요하다면 현실을 바꿀 수도 있다.

상황들은 각자 독특하고 유일한 것이고, 의미도 각자 독특하고 유일한 것이기 때문에 이제 "상황에 대응해 뭔가를 할 가능성"도 각자가 역시 독특하고 유일한 것이다. 그것은 '카이로스'^{kairos**}의 특성을 갖고 있다. 우리가 타고난 의미 충족의 기회를 사용하지 않고 상황 속에서 동면을 취하는 한, 그 가능성은 지나가고 영원히 사라져 버린다는 뜻이다.

그 가능성들, 현실에 대응해 뭔가를 하는 기회는 일시적이다. 상황이 부여한 가능성을 실현하기만 한다면, 상황이 붙들고 있는 의미를 채우기만 한다면, 우리는 그 가능성을 현실로 전환시킬 수 있다. 그렇게 한번 하기만 한다면 '영원히' 지속되고, 더 이상 일

---

* 인지과정(Gestalt perception)은 형태 심리학으로도 불린다. 시시각각 달라지는 현상을 동일한 현상으로 간주하지 말고, 배경 상황 등의 전체성을 획득해야 한다는 것이다. - 옮긴이
** 헬라어에서 그냥 흘러가는 시간을 크로노스(chronos), 의미 있는 시간을 카이로스라고 한다. - 옮긴이

시성에 시달리지 않게 된다.

말하자면, 우리는(영원히 사라져버릴 수 있는) 가능성을 과거에 구출하는 셈이다. 지나간 시간(과거) 속에서는 아무것도 돌이킬 수 없고, 아무것도 잃어버릴 게 없다. 그러나 모든 것이 과거에 영원히 저장된다. 사람들은 대부분 일시성의 그루터기가 가득한 황야만 본다. 자신들의 삶에서 풍성한 수확을 거두는 곡창지대를 보지 않는다. 씨를 뿌리고, 일을 만들어내고, 소중한 사람들을 사랑하고, 고통을 용기 있게 헤쳐 나가지 않는다.

의미들은 독특하고 유일하기 때문에 영원히 변한다. 그러나 결코 잃어버리지 않는다. 삶에는 반드시 의미가 있다. 이는 우리가 일과 사랑 외에도 찾아야 할 잠재적인 의미들이 있음을 깨달을 때 비로소 이해할 수 있을 것이다. 우리가 씨를 뿌리고, 일을 만들고, 혹은 누군가를 만나고, 뭔가를 경험하면 의미를 발견하는데 익숙한 것은 분명하다.

그러나 우리가 삶의 희생자가 되어 희망 없는 상황, 바꿀 수 없는 운명에 직면한 가운데서도 삶의 의미를 찾을 수 있다는 사실을 잊지 말아야 한다.

그때 중요한 것은 인간만의 독특한 잠재성의 최고치를 보여주어야 한다는 것이다. 비극을 환희로, 역경을 업적으로 바꿔 놓아야 한다. 우리는 스스로의 변화를 요구받고 있는 것이다.

이스라엘의 조각가로 어린 시절 아우슈비츠 수용소 수감생활을 겪은 예후다 베이컨(Yehuda Bacon)은 이를 가장 아름다운 말로 뼈저리게 느끼게 한다. 그가 2차대전이 종전되고 나서 책에서 일부를 인용한 것이다.

"어린 나이였던 나는 이렇게 생각했다. '내가 본 것을 이야기할 것이다. 사람들이 더 나은 쪽으로 바꿀 것이란 희망에서다.' 그러나 사람들은 바꾸지 않았다. 심지어 알고 싶어하지도 않았다. 내가 '고통의 의미'를 진정으로 이해한 것은 훨씬 나중의 일이다. 그것이 나를 더 나은 쪽으로 바꿀 때 의미를 지닐 수 있다."

그는 마침내 고통의 의미를 인식했고, 자신을 바꾼 것이다.

자신을 바꾸는 것은 때때로 자신을 넘어서 초월한다는 것을 의미한다. 이를 설명하는 데는 레오 톨스토이(Leo Tolstoy)의 소설 《이반의 죽음(The Death of Ivan Ilyich)》보다 더 흥미로운 책은 없을 것이다. 엘리자베스 큐블러-로스*의 책 《죽음(Death)》, 《성장의 최종단계(The Final Stage of Growth)》를 권한다. 이 책들은 같은 맥락에서 매우 중요하다.

여기서 강조하고 싶은 것은 삶의 무조건적인 의미 상실의 비

---

* 엘리자베스 큐블러-로스(Elisabeth Kubler-Ros)는 미국의 정신과 의사로 1969년 암 선고를 받은 사람들을 관찰해 기록한 '죽음의 시간(On Death and Dying)'으로 큰 관심을 모았다. - 옮긴이

밀이다. 삶에서 의미를 찾을 세 번째 가능성, 시련과 죽음 속에서도 의미 추구가 일어나는 가능성은 여기에 달려 있다. 이런 관점에서 보면, 《미국 정신의학 저널(The American Journal of Psychiatry)》에서 적당한 언명을 찾을 수 있다.

"무조건적인 의미 속의 무조건적인 신념이 프랭클 박사의 메시지이다."

그러나 나는 그것이 '신념' 이상이라고 생각한다. 삶이란 직관적으로 무조건적으로 의미가 심장한 것은 사실이다. 고등학교에 다니던 시절에는 그런 사실에 약간 의문을 품었다. 그러나 그 후에 겪은 많은 경험들에서 나는 같은 결론에 도달했다. 브라운, 카스치아니, 크럼바우, 댄스타트, 덜렉, 크라토치빌, 루카스, 룬스포드, 메이슨, 마이어, 머피, 플라노바, 포피엘스키, 리치몬드, 러치, 살레, 스미스, 야넬 앤 영. 이들은 성별, 나이, 지능지수, 학력, 환경, 성격 구조, 심지어 종교의 교파와 상관없이 모든 것에, 모두에게 의미가 실질적으로 유용한 것이라는 사실을 실험과 통계조사로 입증했다.

개인들이 삶의 의미를 찾거나, 주어진 상황의 의미를 채우는 것을 더 쉽게 하거나 어렵게 만드는 데는 이들 요소들이 하나의 조건으로 다양하게 나타날 수 있다. 삶의 의미 충족을 장려하거나, 방해하는 정도가 각 사회마다 다를 수밖에 없는 것이다. 그럼에도 원칙적으로 어떤 조건에서도, 상상할 수 없는 최악의 상황에서도 의미는 유용하다는 사실은 남는다.

로고테라피 치료사들은 환자들에게 의미가 무엇인지를 말해줄 수는 없다. 그러나 그는 최소한 삶에서는 의미가 있다는 것을 보여줄 수 있다. 그 의미가 모두에게 유용하고, 나아가 삶은 어떤 조건에서도 의미를 담고 있음을 알려줄 수 있다. 최후의 순간까지, 마지막 숨을 거두는 순간까지 진정 삶은 의미를 지니고 있다.

내가 단계별로 제시한 의미 가능성들의 삼분법은 엘리자베스 S. 루카스(Elisabeth S. Lucas)가 실험에서 충분히 확증해 주었다. 실험과 통계조사에서 얻어진 데이터들은 인자 분석factoral analysis에 따라 다음의 가정을 입증하는 증거들을 도출해냈다. 의미는 일과 사랑보다, 각기 다른 차원의 고통 속에서 구해진다는 것이다. 인자 분석적인 용어법으로 보면, 다음의 표(66페이지)와 같은 좌표로 표시할 수 있다.

일반적으로 인간은 호모 사피엔스(homo sapience : '지혜 있는 인간')로 보인다. 기술을 습득하고 성공하는 방법을 알고 있는 명석한 인간, 그래서 성공적인 사업가나 뛰어난 바람둥이가 되는 법을 알고 있는, 돈을 잘 버는 법과 사랑을 하는 법을 알고 있는 인간으로 말이다. 표를 보면 호모 사피엔스는 성공과 실패의 축에서 양극단 사이를 움직인다.

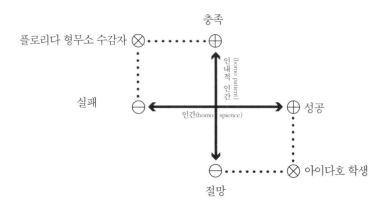

이는 내가 부르는 호모 페이션스(homo patience : 인내적인 인간)와는 다르다. 어떻게 고통받는지, 그 시련을 인격 도야로 받아들여 인간적 성취를 일궈내는 방법을 아는 고통받는 인간을 말한다. 호모 페이션스는 호모 사피엔스의 성공 – 실패 축과는 직각을 이룬 축에서 움직인다.

이 축의 양극은 충족 – 절망이다. 우리는 충족도에 따라 의미 충족도와 자아의 실현도를 이해할 수 있다. 절망도는 삶의 의미 상실에 대한 명확한 지표가 된다.

우리가 이 두 가지 차원(성공 – 실패, 충족 – 절망)만 관여되어 있다고 가정하면, 한편으로는 성공에도 불구하고 절망감에 사로잡혀 있는 사람도 있고, 다른 한편으로는 실패에도 불구하고 시련 속에서 의미를 찾아 충족감과 행복감에 도달한 경우도 많이 접할 수 있다. 이 책의 초반에 인용한 두 장의 편지를 상기해 보면 될 것이다.

내가 받은 다른 편지들에서도 이런 두 가지 사례를 찾을 수 있다. 미국 형무소에 수감 중인 죄수번호 020640번 프랭크는 이런 글을 보냈다.

"이곳에서도 내 존재에 대한 진정한 의미를 찾았습니다. 그리고 남은 형기는 더 나은 것을 많이 할 수 있는 기회를 갖기 전에 아주 잠시 기다리는 것이지요."

또 다른 죄수번호 552022번은 이렇게 썼다.

존경하는 프랭클 박사님께

지난 몇 달 동안 가까이 지내는 동료들과 박사님의 책과 테이프를 돌려 보았습니다. 그래요. 경험에서 특권을 부여받을 수 있는 가장 큰 의미들 중에 하나는 시련입니다. 저는 이제 막 진정한 삶, 축복받은 삶을 살기 시작했습니다. 나는 계속 우리 동료들이 전혀 불가능하다고 여겼던 삶의 의미를 일궈내고 있음을 보면 마구 눈물이 납니다. 그 변화들은 참으로 기적과 같습니다. 여태껏 희망을 잃고 구원받지 못했던 삶들이 이제 의미를 갖게 됩니다. 여기 플로리다의 보호감호소 내 전기의자에서 불과 500야드 정도 떨어진 곳에서 우리는 자신들의 꿈을 실현하고 있습니다. 크리스마스가 가까웠습니다. 그러나 로고테라피가 내게는 부활절 아침과 같았습니다. 아우슈비츠의 수난에서 우리의 부활의 해돋이가 생겨났습니다. 아우슈비츠의 철조망과 굴뚝에서 해가 솟았습니다…. 나의 새로운 나날이 준비된 해가 말입니다.

그레그 B.로부터

그레그의 편지에 감사를 전한다. 그것은 단순한 한 통의 편지 이상의 인간의 기록, 인간성의 기록으로 소중하게 생각한다.

4

결정주의와 인본주의

The Unheard
Cry for Meaning:
Psychotherapy
and Humanism

범결정주의 비판

정신과 육체의 문제, 그리고 자유 선택의 문제는 끊임없이 제기되었으면서도, 풀리지 않은 철학 주제이다. 그러나 적어도 이들 문제가 왜 풀리지 않는지 이유를 밝힐 수는 있다.

정신-육체의 문제는 이런 질문으로 단순화할 수 있다. 인간을 정의할 수 있는 다양성 속의 통일성을 어떻게 이해할 수 있는가? 그리고 인간에 다양성이 있음을 누가 부인할 것인가? 콘래드 로렌츠(Konrad Lorenz : 1903~1989, 오스트리아의 동물 심리학자)의 언명처럼….

"같은 기준으로 잴 수 없는 심리학과 철학의 벽은 극복될 수 없다. 과학적 연구의 범위가 정신 물리학의 장으로 확장되었지만,

정신–육체의 문제에 근접한 해결책을 가져오지는 않았다."

미래의 연구가 이에 해답을 줄 것이라는 전망에 대해 베르너 하이젠베르크(Werner Heisenberg : 1901~1976, 독일의 이론물리학자)는 똑같이 비관적이다.

"신체적 운동과 정신적 과정의 관계를 직접적인 방법으로 이해하기를 바라지는 않는다. 정확한 과학적 진리 속에서조차 여러 가지 수준으로 분류될 것이기 때문이다."

우리는 과학적 다원주의 시대에 살고 있다. 그리고 개별 과학들은 사진이 각기 다른 면을 반영하듯이 다른 방법으로 진리를 묘사하고 있다. 그러나 그런 반영물들은 진실의 전체상을 반영하지는 않는다. 인간에 대한 진실도 이와 마찬가지이다. 이를 보여주기 위해 한 물체를 여러 방향에서 자른 단면들과 과학을 비교해보자. 기하학을 통해 함축적 의미를 캐보는 것이다.

원통을 두 토막낼 경우 수평 방향의 단면은 원형이지만, 수직 방향의 단면은 사각형이다. 하나의 원통을 원과 사각형으로 나타내는 것이다. 그러나 아직까지 누구도 원을 사각으로 변형시키려

하지 않았다. 마찬가지로 아직까지 누구도 인간의 진실에 대한 심리학적, 신체적 견해의 차이에 다리를 놓는 데 성공하지 못했다. 누구도 성공하지 못할 것이라는 전망을 보낼 수 있다. 니콜라스 쿠사누스(Nicholas of cusanus : 15세기 철학자)가 말했듯이, 어떤 단면들도 더 높은 차원으로 옮아가기 전에는 반대의 일치 coincidentia oppositorum*를 이루지 못하기 때문이다. 인간도 이와 다르지 않다. 생물학적 수준과 단계에서 우리는 인간의 신체적 측면과 직면한다. 그리고 심리학적 수준과 단계에서는 인간의 심리를 다룬다. 그래서 두 분야의 과학적 접근의 수준에서 우리는 인간의 다양성과 만날 수 있지만, 인간의 통일성을 잃고 만다. 이 통일성은 정신, 육체로 분리되지 않은 인간의 차원에서만 가능하기 때문이다. 토마스 아퀴나스(Thomas Aquinas)가 정의한 것처럼, 인간의 차원에만 통일적 다양성이 있기 때문이다.

진정한 인간의 단일성oneness은 개방성openness을 갖고 있다.

원통 이야기로 돌아가자. 이번에는 뚜껑이 없는 딱딱한 용기, 즉 컵과 같은 모양을 상상해 보자. 이 경우 각 단면들은 어떤 모습이 될까? 수평 단면은 여전히 닫혀진 원형이다. 하지만 수직 단면은 이제 열려 있는 형태이다. 두 가지 형태가 단지 단면일 뿐이지만, 한쪽의 폐쇄성과 다른 한쪽의 개방성은 완벽하게 양립적이다.

---

* 쿠사누스가 서로 대립, 모순된 것도 무한한 신에서는 일치한다는 신의 무한성을 표현한 말이다. - 옮긴이

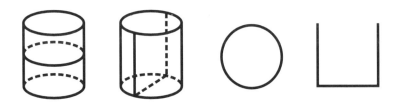

　인간에게도 이와 유사성이 있다. 인간 역시 가끔 조건, 무조건반사가 작동하는 것처럼 인과관계로 짜여진 폐쇄체계로 그려진다. 반면 막스 쉘러*(Max Scheler), 아놀드 게런(Anold Gehlen), 아돌프 프로트만(Adolf Protmann)이 보여준 것처럼, 인간이라는 존재는 세상을 향해 열려 있는 심오한 특징을 갖고 있다. 또는 마르틴 하이데거(Martin Heidegger : 1889~1976)가 말하듯이, 인간은 "세계 내 존재"being in world**로 볼 수 있다.

　앞 장에서 언급한 존재의 자아 초월self-transcendence이란, 인간이 존재한다는 것은 어떤 것, 혹은 자신 이외의 어떤 사람과의 관계맺기를 의미한다는 기초적 사실을 표현한 것이다. 그게 충족을 의미하건, 그가 만날 인간 존재를 의미하건 간에 그 사실에는 변함이 없다.

---

* 1차대전 후 독일에서 칼 만하임과 함께 지식사회학을 주창한 사상가이다. - 옮긴이

** 프랭클은 하이데거의 영향을 많이 받았음이 실존 분석에서 두드러진다. 하이데거의 현존재를 규정하는 개념인 '세계-내-존재'를 적극 수용, 인간 존재의 본질을 타자와의 공존재임을 강조하거나, 존재를 드러내는 방식으로서의 언어, 개방성 등은 모두 하이데거의 그림자에 속한다. - 옮긴이

의미를 향한 소리없는 절규

이 자아 초월적인 존재의 특성, 인간 존재의 개방성은 한 측면에 의해 촉발되고, 다른 측면에 의해 놓치는 것으로 이해될 수 있다. 패쇄성과 개방성이 양립하고 있는 것이다. 이런 특성은 자유와 결정주의determinism* 간에도 적용된다. 심리학적 차원에는 결정주의가 있다. noological의 차원, 다시 말하면 인간이라는 차원과 인간적인 현상의 차원에는 자유가 있다.**

정신-육체의 문제에 대해 우리는 '다양성에도 불구한 통일성'이라는 문장으로 결말지었다. 자유 선택의 문제에 대해서도 '결정주의에도 불구한 자유' freedom in spite of determinism라는 말로 끝낼 수 있다. 니콜라이 하르트만(Nicolai Hartmann : 1882~1950, 독일의 철학자)이 고안한 '의존에도 불구한 자율' autonomy in spite of dependency이라는 말과 비견될 수 있는 것이다.

그러나 인간 현상으로서 자유는 대단히 인간적인 특성을 갖는다. 인간의 자유는 한정된 자유이다. 인간은 조건으로부터 자유롭지 못하다. 그러나 인간은 조건들에 대해 자유롭게 맞선다. 그조건들은 인간을 완전히 제약하지는 못한다. 그 한계 내에서 조건

---

* 본래 인간의 행위를 포함한 세상의 모든 일이 미리 정해졌다고 생각하는 입장을 이르는 말. 프랭클은 정신분석학 행동주의 등 기존 심리학이 인간 행동과 심리가 충동, 본능, 무의식 등에 지배당하고 있다고 보는 것을 결정주의라고 비판한다. 프랭클은 이를 숙명론이라고 비판하기도 한다. 인간 자유는 그것들의 지배를 거부하는 대항개념이다. - 옮긴이
** '정신성', '인간의 차원', '인간적 현상의 차원'은 프랭클이 기존 심리학의 환원주의적 인간관을 부정하고 인본주의적 개념의 복원을 주창하는 핵심어들이다. - 옮긴이

에 굴복하느냐, 조건을 극복하느냐는 인간 자신에게 달려 있다.

　인간은 당연히 그 조건들을 뛰어넘고, 그렇게 열어제침으로써 인간의 차원으로 들어갈 수 있다. 나는 신경학과 정신의학이라는 두 분야의 교수로서 인간이 어느 정도까지 생물학적, 심리학적, 사회학적 조건에 지배되는지 충분히 알 수 있다. 그러나 두 개 분야의 교수라는 것에 덧붙여, 나는 강제수용소를 겪은 생존자이다. 인간이 상상을 초월하는 최악의 조건에도 저항하고, 용감하게 맞서는 예측 불가한 능력을 지녔다는 사실도 목격했다. 프로이트가 이렇게 얘기한 적이 있다.

"아주 다양한 인간도 똑같이 배고픈 환경에 처하게 한다면, 개인적 차별성은 흐려지고 똑같이 요란한 충동의 표현을 나타낼 것이다."

　그러나 강제수용소에서는 그 반대였다. 사람들은 더 가지각색이었다. 야수성이 가면을 벗는가 하면, 성자도 등장했다. 배고픔은 서로 같았으나, 사람들은 서로 달랐다. 실제로 몸을 지탱하는 열량(음식)은 문제가 되지 않는다.

　인간은 궁극적으로 자신을 에워싼 조건들에 굴복하지 않는다. 그보다는 그 조건들이 인간의 결정에 지배당한다. 의식하건 의식하지 못하건 간에 인간은 맞설지 포기할지, 조건에 의해 결정당할지 거부할지를 결정한다. 물론 그런 결정들은 스스로 결정된 것이라는 반론이 있을 수 있다. 이것이 무한소급 ^{regressus in infinitum}을 초래한다는 점은 명백하다. 마그다 B. 아놀드(Magda B. Anold)는 이런 논란에 적절한 결론을 내리고 있다.

> "모든 선택들에는 이유가 있지만, 그 이유들은 선택자에 의해 야기된 것이다."

학제적인 연구들은 한 단면보다 많은 단면들을 다룰 수 있다. 자유 선택의 문제에 대해 한편으로는, 인간의 본질에 결정주의적이고 기계적인 면이 있음을 부인할 수 없다. 다른 한편으로는, 그런 측면들을 넘어선 인간 자유가 있음도 인정해야 한다. 이 자유는 결정주의에 의해 부정되지 않는다.

그러나 내가 명명한 '범결정주의' ^{pan determinism}는 자유를 부정한다. 진실의 양자택일은 '결정주의 대 비(非)결정주의'가 아니라, '범결정주의 대 결정주의'라고 해야 할 것이다. 프로이트는 단지 이론적으로만 범결정주의를 지지했다. 그는 정신분석의 목적을 "환자의 자아에 제 길을 선택하는 자유를 주는 것"이라고 정의한 바 있다. 인간 자유는 자신에게서 이탈되는 능력을 함의한다. 이 능력을 다음의 예로 설명할 수 있다.

1차 세계대전 때 한 유대인 군의관이 비유대인 귀족 출신 대령과 함께 앉아 있었다. 그 대령은 짓궂게 "너 겁이 나지, 그렇지?

그게 아리안 종족(나치 독일에서 비유대계 백인을 칭하는 말)이 셈족보다 우월하다는 또 다른 증거"라고 말했다. 그 의사는 "물론 겁이 나지요. 그런데 누가 우월하다고요? 대령님이 저만큼 겁이 났다면 아마 오래 전에 줄행랑을 쳤을 걸요"라고 답했다. 문제가 되는 것은 우리의 공포나 분노들이 아니라, 그것들을 마주하는 우리의 태도이다. 이 태도는 바로 우리가 자유롭게 선택한 것이다.

인간의 심리학적 기질에 대응하는 개념인 태도 선택의 자유는 병리학적인 측면까지 확장된다. 정신의학자들은 종종 망상에 대한 환자의 반응이 단순히 병리적인 것에 불과한 경우를 보게 된다. 나 역시 과대망상에서 근거 없이 적으로 추정한 대상을 살해한 편집증 환자들을 만난 적이 있다. 그러나 자신이 적으로 추정한 대상을 용서한 편집증 환자들도 있었다. 자살에 대해서도 우울증 때문에 자살을 감행하는 사례가 있는가 하면, 어떤 명분이나 사람 때문에 일어나는 자살 충동을 극복하려는 사례도 있다. 말하자면 그들은 자살하는데 매우 분명한 태도를 갖고 있는 것이다.

편집증이나 내인성(內因性) 우울증과 같은 정신병은 분명히 신체적 병인(病因)을 갖고 있다. 또 병인이 생화학적인 특성도 있다. 그러나 우리는 타당하고 결정적인 추론을 만들지 못했다. 그 추론들은 생화학이 유전에 기초하고 있는 사례에서조차 들어맞지 않는다. 이런 맥락에서 쌍둥이 형제의 정체성을 연구한 요하네스 랑지(Johannes Lange)의 보고서를 인용할 수 있다. 형제 중에 한

명은 교활한 범죄자로 성장했고, 다른 형제는 교활한 범죄학자로 결말났다. 교활하다는 것은 당연히 유전에 의한 것이다. 그러나 범죄자, 혹은 범죄학자가 된다는 것은 태도와 관련된 것이다. 유전성은 인간이 '자신'이라는 집을 세우는 자재에 지나지 않는다. 유전성은 건축가가 필요에 따라 거절하거나 거부할 수 있는 돌이나 다름없는 것이다. '자신'을 세우는 건축가가 돌(유전성) 자체는 아닌 것이다.

유아기*는 유전성보다 훨씬 덜 인생 행로에 결정적이다. 이런 편지를 받은 적이 있다.

"나는 열등감을 실제로 가져서라기보다, 가져야 한다는 생각에서 더 많은 고통을 겪었어요. 사실 나는 수많은 기쁨을 가져다준 내 모든 경험과 믿음들을 다른 것과 바꾸지 않을 것입니다."**

---

* 프로이트는 사회화된 성인보다 유아기의 특성을 병인학에서 결정적인 요인으로 분석했다. - 옮긴이
** 더욱이 유아기 경험은 몇몇 정신의학자들이 주장하고 있는 것처럼 종교적 경험보다도 덜 결정적이다. 신(God)에 대한 개념이 아버지의 이미지와 동일시된다는 것은 절대 진실이 아니다. 빈의 병원에서 외래 환자들을 대상으로 설문조사를 실시한 결과, 23명의 환자가 아버지에 대해 긍정적인 이미지를 갖고 있었다. 13명이 부정적이었다. 그러나 긍정적인 이미지를 갖고 있는 16명과 부정적 이미지를 갖고 있는 2명만이 종교적인 영향으로 아버지 이미지가 결정되었다고 응답했다. 전체 조사대상의 절반이 아버지의 이미지와 종교는 별개라고 얘기한 것이다. 독실하지 못한 종교생활이 부정적인 아버지 상을 갖게 하는 것은 아니다. 최악의 아버지 상을 갖고 있는 것이 독실한 종교생활을 방해하는 것도 아니다(프랭클, 1969). "진리가 너희를 자유롭게 하리라"는 성경의 약속을 "종교 생활을 열심히 하면 신경증을 낮게 해준다"는 말로 해석되어서는 안 된다.

정신의학자의 입장에서 숙명론은 환자 입장에서의 숙명론을 더 강화시키게 된다. 이것이 신경증의 특성으로 나타날 수 있다. 진정한 정신의학도 사회치유학 sociatry을 포함하고 있다. 범결정주의는 범죄에 대한 변명을 제공한다. 비난받아야 할 것은 죄인이 아니라, 그의 내부기제라는 주장이 가능해진다. 하지만 그런 논쟁은 자멸로 끝난다. 피고인이 범죄를 저지를 당시 자유롭고 책임을 다할 수 있는 상태가 아니었다고 주장한다면, 판사도 선고할 때 같은 주장을 할 것이기 때문이다.

실제로 범죄자는 판결이 내려지면 자신을 단순히 정신역학적인 기제, 혹은 조건화 과정의 희생자로 여겨지기를 바라지 않는다. 쉘러가 지적했듯이 인간은 죄의식을 갖고 벌을 받을 '권리'를 갖고 있다. 범죄자를 환경의 희생자로 바라보고 죄의식을 면해 주는 것은 그의 인간적 자긍심을 버리는 셈이 된다.

나는 줄곧 죄의식을 갖는 것은 인간의 특권이라고 말한다. 확언컨대, 죄의식을 극복하는 것도 인간에게 주어진 책임이다. 캘리포니아 산 쿠엔틴의 수감자들에 대한 강연회에서도 나는 이 점을 강조했다. 캘리포니아 주립대의 신문 편집인 조셉 B. 페브리가 당시 동행했는데, 나중에 기사에서 캘리포니아에서 최고 중형을 받은 이들 죄수들이 얼마나 내 강연에 인상 깊은 반응을 보였는지를 언급했다.

"한 죄수는 '심리학자들은(프랭클 박사와는 대조적으로) 항상 우리에게 어린 시절, 과거의 나쁜 일들에 대해서만 묻는다. 과거란 항상 우리 목에 걸린 이정표 같은 것'이라고 말했다. 그는 '우리는 더 이상 심리학자의 말을 들으러 오지 않는다. 나는 다만 프랭클 박사도 수감생활을 했다는 것을 읽었기 때문에 온다'고 덧붙였다."

칼 로저스(Carl Rogers)는 '자유를 구성하는 것의 실험적 정의'에 대한 실험을 계획했다. 그의 제자 켈(W. L. Kell)이 성인 전과자 151명에 대한 설문조사를 한 결과, 그들의 행동이 가족 분위기, 교육적 혹은 사회적 경험, 이웃관계 혹은 문화적 경험, 건강 이력, 유전적 배경 등 그 어떤 근거로도 예측할 수 없다는 것을 입증했다. 단연 최고의 예보자는 후속 행동과의 상관성이 0.84인 자기 이해self-understanding 정도였다. 이 자기 이해는 자신으로부터 분리되는 자기 이탈self-detachment을 함의한다고 말할 수 있다.

이제 결정주의와 범결정주의를 비교해 보자. 범결정주의에 대해 정확한 원인 설명을 시도하는 것이다. 범결정주의가 생겨난 것은 구분법의 결여 때문이라고 단언할 수 있다. 한편으로는 원인들이 이유들과 결합되어 있고, 다른 한편에서는 원인들이 조건들과 결합되어 있다. 그러면 원인과 이유의 차이점은 무엇인가?

만약 당신이 양파를 자르면 눈물이 난다. 그 눈물은 원인을 갖고 있는 것이다. 그러나 당신이 눈물을 흘릴 이유는 아무것도 없는 것이다. 당신이 암벽등반을 시도해 1만 피트의 정상에 다다르려면 호흡의 압박감과 불안감을 극복해야 한다. 이는 원인과 이유를 모두 유발한다. 산소 부족은 원인이 될 수 있다. 그러나 당신이 장비 부족과 등반 훈련이 형편없다는 것을 알고 있다면 불안감을 느낄 것이다.

인간 존재는 '세계 내 존재'로 정의되어 왔다. 그 세계는 이유와 의미들을 포함하고 있다. 그러나 인간을 폐쇄체계closed system로 인식할 때 그 이유와 의미들은 배제된다. 그때 남는 것은 원인과 효과들뿐이다. 그 효과들은 조건에 대한 반응, 혹은 자극에 대한 반응으로만 표현된다. 원인들은 조건화 과정conditioning process, 혹은 충동과 본능들로 나타난다. 충동과 본능은 압박하지만, 이유와 의미는 추출된다. 인간을 폐쇄체계로 인식하면 강요하는 충동만 지각할 뿐, 끌어낼 동기는 알지 못한다.

미국의 한 호텔을 상상해 보자. 로비 안에서 보면, 현관문에는 '미세요(push)'라는 표시가 보인다. '당기세요(pull)'라는 표시는 밖에서만 볼 수 있다. 인간은 그 호텔과 같은 문을 갖고 있으며 폐쇄된 개체가 아니다. 인간을 세상으로 향한 존재로 인식하지 않으면, 심리학은 단자론monadology*의 일종으로 퇴보한다.

---

*라이프니츠는 생명체의 원리는 내재된 단자의 원리에 따르며(결정주의), 창문이 없는 완전히 자족적인 특성(폐쇄체계)을 갖고 있음을 비판한 것이다. - 옮긴이

이 존재의 개방성은 자아 초월에 의해 나타난다. 또한 인간 본질의 자아 초월적인 특성은 인간 현상의 '의도적인' 특성에서 나타난다. '인간적 현상'이란 용어는 프란츠 브렌타노(Franz Brentano)와 에드문트 후설(Edmund Husserl : 1859~1938)이 정식화한 것이다. 인간적 현상은 '의도적인 대상, 혹은 목표'를 의미하고 가리킨다. 이유와 의미는 그런 대상을 나타낸다. 이것들은 정신이 다다르려는 의미logos이다. 심리학이 이름값을 하려면 그 이름의 양면, 의미와 심리 모두를 인정해야 한다.

존재의 자아 초월이 부정될 때 존재는 스스로 왜곡된다. 물신화한다. 존재는 단순한 사물로 전락하고 만다. 인간 존재가 탈인격화depersonalization하는 것이다. 그리고 무엇보다 주관을 객관으로 만든다. 객관에 결부되어 있는 것이 주관의 특성이고, 가치와 의미라는 형태로 의도적인 대상에 결부되어 있는 것이 인간의 특성이기 때문이다.

자아 초월이 부정되고 의미와 가치에 이르는 문이 닫히면, 이유와 동기들은 조건화 과정으로 대체된다. 조건화와 인간 조작manipulation을 실행하는 것은 '숨은 설득자'*에 의존적이게 만든다. 조작의 문을 여는 것은 물신화이다. 그 반대도 성립한다. 인간 존

---

* 숨은 설득자(hidden persuader)는 미국의 심리학자 밴스 패커드(Vance Packard)가 1957년 동명의 책을 출간, 상업광고가 소비자를 의식과 무관하게 소비로 유도하는 심리분석을 소개, 화제가 되었다. 프랭클은 이를 비유한 것이다. - 옮긴이

재를 조작하려면 먼저 그를 물신화해야 한다. 그리고 마지막에는 범결정주의 노선에 따라 주입한다. 스키너는 "우리는 인간의 자율성을 박탈해야만 인간 행동의 진정한 원인을 바꿀 수 있다. 접근 불가에서 조작 가능으로"라고 말했다.

과연 그럴까? 간단히 말해서 우선 조건화 과정은 인간 행동의 진짜 원인이 아니다. 둘째, 인간 행동의 인간성이 '선험적인' 이유들로 인해 부정되지 않는다면, 진짜 원인은 접근 가능한 것들이다. 셋째, 개인 행동의 진정한 '원인'은 원인이 아니라 이유라는 것을 인정하지 않는 한 인간 행동의 인간성은 드러낼 수 없다.

원인은 이유뿐만 아니라 조건과도 혼동된다. 그러나 어떤 경우에는 원인이 곧 조건이다. 그것들은 충분조건인 경우이다. 필요조건으로 인식되는 것들과는 대조된다. 필요조건일 뿐만 아니라, 내 어법대로 '가능 조건'인 경우도 있다. 이 말은 발사점, 혹은 계기의 의미로 쓴 것이다. 예를 들어 이른바 심신증psychosomatic*은 심리적 요인에 의해 발병한 게 아니다. 그 증상은 신경증과 같은 심인성 증상이 아니라는 뜻이다. 심신증은 심리적 요인이 '계기'가 된 신체적 질병이다.

하나의 충분조건은 하나의 현상을 충분히 유발하고 만든다.

---

* 심리적인 스트레스, 욕구 불만을 근거로 하여 일어나는 심리적 긴장상태가 하나의 계기가 되어 일어나는 신체의 질환을 말한다. - 옮긴이

그 현상은 그것의 본질이자 실재이기도 한 그 원인에 의해 결정되는 것이다. 반대로 필요조건은 하나의 전제조건이자 선행조건인 것이다. 예를 들어 정신지체의 원인에는 갑상선 기능 저하가 있다. 그런 환자의 갑상선은 지능 발달을 저해한다. 이것으로 '정신이란 갑상선 물질에 지나지 않는다'는 것을 의미하는가? 이런 주장을 담은 책을 읽은 적이 있는데, 그 저자는 갑상선 물질을 충분조건으로 혼동한 것이다. 갑상선 물질은 필요조건에 불과하다.

이제 소재를 바꿔 부신피질 기능저하를 얘기해 보자. 나는 부신피질 기능저하로 인한 이인증(離人症)depersonalization* 사례에 대한 실험 논문을 출간했다. 그런 환자는 디옥시코르티코스테론을 주사하면 다시 사람임을 느낀다. 인격이 회복된다. 이것을 두고 자아란 디옥시코르티코스테론이라는 호르몬제에 지나지 않는다고 말할 수 있는가?

여기서 우리는 범결정주의가 환원주의로 바뀌고 있음을 지적할 수 있다. 원인과 조건을 식별하지 못하는 판별력 부재가 환원주의의 전횡을 초래했다. 잠재 인간적 현상에서 인간적 현상을 유추해내고, 다시 인간적 현상을 잠재적 현상으로 격하하도록 만들었던 것이다. 잠재 인간적 현상에서 추출된 인간적 현상은 그저 부수현상으로 변할 뿐이다.

---

* 인격상실감 · 자아상실감이라고도 하며, 조울증 · 정신분열증 · 신경증 등일 때 볼 수 있다. - 옮긴이

환원주의는 오늘날의 허무주의이다. 쟝-폴 사르트르(Jean-Paul Sartre : 1905~1970)가 주창한 실존주의는 〈존재와 무(Being and Nothingness)〉*라는 축에 달려 있다. 그러나 실존주의에서 배운 교훈은 하이픈(-)을 넣은 'nothingness'이다. 즉 인간 존재의 '비사물성'(no-thingness : 앞서 전개한 '물신화'의 반대 개념)이다. 인간 존재는 여러 사물 중에 하나가 아니다. 사물들은 서로를 결정한다. 하지만 인간은 자신을 결정한다. 더욱이 인간은 자신을 압박하는 동기와 본능, 자신이 이끌어낸 의미와 이유가 있을 경우 자신이 결정을 당할지, 말지를 결정한다.

과거의 허무주의는 무를 가르쳤다. 이제 환원주의는 '불과한 것' nothing-but-ness을 설교 중이다. 인간은 컴퓨터이거나 《털없는 원숭이(naked ape)》**에 불과하다고 거론된다. 컴퓨터를 인간의 중앙신경체계의 기능을 모델로 삼아 활용하는 것은 매우 이치에 맞다. 존재 유비analogia entis***는 확장되었고, 컴퓨터에 유효하게 적용되었다.

그러나 여기에는 환원주의에 의해 무시되고 간과된 차원의 차이가 있다. 예를 들어 전형적인 환원주의자들은 독특하고 유일

---

* 1943년 무신론적 실존주의의 입장에서 전개한 존재론으로서 당대의 사조를 대표하는 논문이다. - 옮긴이
** 인간을 동물학적으로 분석해 놓은 영국의 인류학자 데스몬드 모리스의 저서이다. - 옮긴이
*** 두 개의 존재가 관계성이 있을 경우, 한쪽의 존재가 어떤 성질이나 관계를 가지면 다른 존재도 같을 것으로 추리하는 논증법이다. - 옮긴이

한 인간 현상들이 조건화 과정에 불과하다는 지론에 따라 도덕 이론을 구성한다. 개 한 마리가 깔개를 적셔 놓고 슬그머니 꼬리를 내리더니 소파 밑으로 숨는 행동을 두고 양심을 표현하는 것이라고 말하지는 않는다. 단지 예상되는 불안, 특히 처벌에 대한 두려움일 뿐이다. 그 행동은 양심과 아무런 관련이 없다. 진정한 양심은 처벌에 대한 예상과는 무관하기 때문이다. 인간이 여전히 처벌에 대한 공포심, 보상에 대한 기대에 따라 동기화되는 한 양심은 아직까지 거론 대상이 아니다.

로렌츠는 신중하게 '도덕 유사성'Moral-analogous에 대해 언급했다. 동물의 행동 중에도 인간의 도덕적 행동과 유사한 것이 있다는 것이다. 환원주의자들은 두 행동 사이에 질적인 차이가 없다고 본다. 인간만의 유일하고 독특한 인간적 현상이 존재한다는 사실을 부인한다. 그런 것이 있다면, 경험적 차원이 아니라 선험적인 입장에서 가능하다고 본다. 다른 동물들에서 찾을 수 없는 것은 인간에게도 없다는 것이 그들의 주장이다.

내가 즐겨하는 이야기가 있다. 한 랍비가 두 신도의 다툼을 중재하고 있었다. 한 신도는 다른 신도의 고양이가 자기 집에 있는 5파운드의 버터를 훔쳐 먹었다고 주장했고, 다른 신도는 이를 부인했다. 랍비는 "고양이를 데려오라"고 했다. 그들이 고양이를 데려왔다. "이제 저울을 가져오너라." 그들이 저울을 가져왔다. "그 고양이가 버터를 몇 파운드나 먹었다고 했지?" 랍비가 묻자 그 신도는 "5파운드"라고 답했다. 랍비는 고양이를 저울 위에 올려놓았다. 그 무게가 정확히 5파운드였다. 랍비는 "이제 그 버터를 찾았구나. 그런데 고양이는 어디 있느냐?"라고 물었다.

이 이야기는 환원주의자들에게도 일어날 수 있다. 그들이 마침내 인간에게서 모든 종류의 조건 반응, 조건화 과정, 생득적인 유발기제를 재발견했을 때 그들도 랍비처럼 말할 것이다. "이제 우리가 다 찾았어. 그런데 인간은 어디 있어?"라고 말이다.

환원주의적인 의식 주입으로 인한 폐해를 과소평가하면 안 된다. R. N. 그레이의 연구를 여기서 상기하고자 한다. 그는 내과의사 64명, 정신의학자 11명을 대상으로 설문조사를 실시했다. 그 결과는 의과대학에서 인도주의자는 줄어드는 반면, 냉소주의는 증가하고 있음을 보여주었다.

의학 공부를 완전히 마친 뒤에는 이런 경향이 바뀌었으나, 불행히도 모든 응답자가 그런 것은 아니었다. 역설적이게도 이 논문의 저자는 그런 결과를 근거로 인간을 '적응적 조절 시스템'으로, 가치를 '자극—반응 과정의 동질 정체적 억제'(homeostatic restrains in a stimulus-response process)로 정의했다. 또 다른 환원주의자의 정의에 따르면, 가치란 반응 형성과 방어기제에 지나지 않는다. 그런 해석들은 두말할 필요도 없이 가치에 대한 올바른 판단을 훼손하는 것이다.

아프리카에서 평화봉사단의 일원으로 자원봉사를 펼치다 미국으로 돌아온 젊은 부부의 사례는 완전히 넌더리나게 한다. 그들은 처음에 한 정신의학자가 이끄는 실험 그룹에 참가해야만 했다. 그 의사가 하는 일이란 가령 이런 식의 게임을 벌이는 것이다.

"당신은 왜 평화유지군에 참여했나요?"

"우리는 혜택을 받지 못한 사람들을 도우려고 합니다."

"그래서 당신은 그들보다 나은 인간이어야겠군요."

" 보기에 따라서는⋯"

"그러면 당신 마음 속에, 무의식 중에,

그들보다 우월하다는 것을 증명할 필요성이 있겠군요."

"글쎄요. 그런 식으로는 생각해 본 적이 없어요.

하지만 당신은 정신의학자이니까 더 잘 알겠지요."

그 그룹은 자신들의 이상과 애타주의를 단지 정신 장애의 일종으로 해석하도록 주입되었다. 더 최악인 것은 자원봉사자들이 자신만의 '당신의 숨겨진 동기가 무엇이냐'를 캐는 게임을 한 뒤에도 서로 간에 계속했다는 것이다. 과잉해석^{hyperinterpretation}이라고 불러야 할 일들이 이곳에서 벌어진 것이다.

에디스 바이스코프-요엘슨(Edith Weisskorpf-Joelson)과 동료들은 미국 대학생들이 최고로 꼽은 가치는 '자기 해석'^{self-interpretation}이라는 점을 보여주었다. 이는 미국의 문화적 분위기가 가미되면서, 자기 해석의 위기가 평화봉사단에서 보여지듯이 강박관념이 될 뿐만 아니라, 집단 강박관념적 신경증^{collective obsessive}

neurosis으로 발전한다.

E. Becker는 "정신병원에서 퇴원한 환자들은 모든 상황마다 자신의 동기를 분석한다"고 말했다. "분노를 느낄 때는 '이것은 분명히 성기의 크기가 부러워서 그런 거야. 이건 근친상간의 유혹, 거세 공포, 오이디푸스적 경쟁심 등등의 이유가 있어."

지금까지 우리는 이유와 원인, 충분조건과 필요조건에 대해 다루었다. 그러나 우리가 고려해야 할 세 번째 구분법이 있다. 보통 '충분조건'으로 이해되는 것들이 최종 원인에 반대되는 능동인인 경우이다. 지금 나의 관심은 최종 원인, 혹은 의미와 목적들은 인지할 수 있고, 그러는데 적합한 것은 과학적 접근뿐이라는 사람들이다. 의미와 목적 같은 것은 없다고 주장하는 범결정론자들은 이런 사람들일 것이다.

범결정주의에는 '잃어버린 고리'가 있다. 의미는 과학으로 묘사되면서 세상에서 실종되었다. 그러나 이것이 세상에 의미가 없다는 것을 시사하지는 않는다. 많은 과학들이 이를 가리고 있을 뿐이다. 의미는 과학들에 의해 시야를 가리는 망막증을 앓고 있다. 의미는 모든 과학 분야에서 등장하지는 않는다. '모든 단면'들로 만들어지는 것도 아니다. 미소에 달라붙어 있는 것도 아니다. 수직으로 교차하는 평면에 그려진 곡선을 생각해 보라.

이 곡선이 수평면에 남겨 놓은 것은 세 가지이다. 분리된, 소외된, 서로 간에 의미 있는 연결이 없는 점들이다. 의미 있는 연결

의미를 향한 소리없는 절규

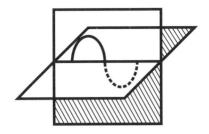

점들은 수평면의 위와 아랫면에 있다. 그런 사태에 대해 과학은 돌연변이처럼 무작위적인 것으로 보지 않을까? 거기에 숨겨진 의미가 있다고, 그 곡선(점선)이 수평면을 경계로 위와 아래로 나뉘어 있어서 깊은 의미가 있다고는 생각할 수 없는가?[*]

이 그림이 보여주는 사실은 모든 것이 의미 있는 언어로 설명될 수는 없다는 것이다. 그러나 이제 최소한 '불가피하게' 그럴 수밖에 없는 이유는 설명할 수 있는 것이다.

의미의 본질이 이렇다면, 궁극적인 의미는 얼마나 더 차원을 높여야 하는가? 의미가 포괄적이면 포괄적일수록, 점점 더 이해하기 힘들어진다. 무제한적인 의미는 필연적으로 유한 존재의 이해를 넘어선다.[*] 거기에는 과학이 포기하고, 지혜가 접수해야 하

---

[*] 프랭클은 이 도식을 통해 또 다른 차원(수평면의 아랫면)의 존재를 간과하는, 보이지 않는 것은 비과학으로 보는 태도를 지적하고 있는 것이다. - 옮긴이
분자 생물학자 자크 모나드가 모든 생명은 변이와 선택에서 생겨났다고 주장한 것은 매우 타당한 것이다. 그는 《우연과 필연》에서 "순수한 우연, 오로지 우연"이 진화의 근원이라고 썼다.

는 지점이 있다. 블레이즈 파스칼(Blaise Pascal)은 "가슴은 이유가 알지 못하는 이유들을 갖고 있다"고 말한 바 있다. 이른바 가슴의 지혜는 존재한다. 이를 존재론적인 자기 이해로 부를 수도 있다. 바깥세상에서 사람이 가슴의 지혜로부터 자신을 이해하는 현상학적인** 방식이, 그가 이드, 자아, 초자아가 상충되는 요구들로 다투는 전장에 있는 것보다는 더 인간다운 것이다.

풀턴 쉰(Fulton J. Sheen)은 이렇게 비꼬았다. 인간에게는 본능과 충동, 또는 조건화 과정의 장난, 체스 게임판에서 졸 pawn 신세가 되는 것 이상의 인간성이 있다고 말이다. 인간 존재란 기회와 도전이 오가는 상황에 지속적으로 직면해 있는 존재임을 우리는 알 수 있다. 그 상황은 도전을 통해 의미 충족에 이름으로써, 자신을 충족시킬 수 있는 기회를 주는 것이다.

이제 초점을 닫힌 원으로 옮겨 보자. 우리는 자유를 제한하는

---

* '고차(高次)의미(meta-meaning)'의 개념은 반드시 유신론적일 필요는 없다. 신에 대한 개념도 그렇다. 나는 15세 때 신에 대한 정의를 두고 고민하기에 이르렀다. 나이가 들면서 그런 경우는 더욱 많아졌다. 나는 그것을 조작적 정의로 부르곤 했다. 내용은 다음과 같다. 신은 당신이 독백을 나눌 수 있는 가장 친밀한 파트너다. 당신이 아주 진실하고 고독한 상태에서 스스로에게 말할 때면, 언제나 이야기의 대상은 신으로 불린다. 그런 정의는 무신론과 유신론 사이의 이분법을 피할 수 있게 해준다. 둘 사이의 차이는 단지 나중에 드러난다. 비종교인은 자신의 독백을 그저 자신과의 대화로 주장하고, 종교인은 다른 사람과의 진정한 대화로 해석하게 된다. 여기서 가장 중요한 것은 무엇보다 진실성과 정직함이다. 신이 진정 존재한다면, 비종교인이 자신의 이름을 잘못 불렀다고 해서 다투지는 않을 것이다.

** 프랭클은 의식에 나타난 것(현상)을 이성적 재구성을 떠나 충실히 포착하고, 그 본질을 직관에 의해 파악, 기술하는 것을 '현상학적인 것'으로 파악하고 있다. "과학이 포기하고 지혜가 접수해야 하는 지점", "가슴의 지혜" 등은 당시 과학계를 지배했던 객관적 사실에 집착한 실증주의에 대한 강한 불신을 표현한 것이다. - 옮긴이

결정주의와 결별하고, 자유의 확장인 인본주의에 도착했다. 자유는 우리 논의에서 일부분이고, 절반의 진실이다. 자유로운 존재는 단지 전체 현상의 부정적인 측면일 뿐이다. 전체의 긍정적인 측면은 책임을 지는 존재이다. 자유는 책임성이라는 면에서 살지 않으면 그저 방종으로 퇴보할 것이다. 이런 이유로 나는 미국 뉴욕의 '자유의 여신상'을 보완하기 위해 서부 해안에 '책임의 여신상'을 건립하라고 제안하는 것이다.*

　"우연에 대한 착상은 그냥 인식할 수 있는 것이며, 관찰과 경험에서 얻어진 사실들과 양립할 수 있는 유일한 것이다. 이 점에

---

* 의학 분야 전문가들에게는 이것이 익숙하지 않은 일일 것이다. 의사들이 다루는 질병 중에 기원을 알 수 없는 것들이 얼마나 많은가. 암을 생각해 봐도 그럴 것이다. 어쨌든 정신병은 신체 시스템의 생화학과 관련된 것이다. 그러나 환자들을 정신병에 걸리게 하는 것은 완전히 인간적 인격의 특성이다. 환자를 괴롭히는 정신병은 생화학적이지만, 그가 반응을 나타내는 방식은, 그가 질병에 바치고 채우는 모든 것들은 개인이 만들어낸 것들이다. 이는 그가 고통에 대응하는 인간의 일에 착수한 것이다. 그가 이 고통의 의미를 추출하는 데 쓰는 것이 한 가지 방법이다. 정신병 그 자체로는 의미가 없지만, 환자가 정신병을 의미 있게 만드는 데 쓸 수 있다. 에디스 바이스코프-요엘슨은 "편집증 환자는 삶의 철학적인 일관성을 특별히 강하게 갖고 있다. 그리고 그런 철학의 대안으로 망상을 고안해낸다"고 가정했다. 다른 말로 하면, 편집증은 "의미를 추구하기 때문에 생기는" 질병인 것이다. 그러나 내 견해는 다르다. 우리가 편집증이 때때로 '의미 비대(hypertrophy of meaning)'와 관련이 있다고 당연시한다면, 그런 비대증은 정신병의 병인이 아니라 단지 증상(결과적 현상이라는 뜻)에 속할 것이다. 마찬가지로 또 다른 정신 질환인 내인성 우울증은 가끔 '의미비대'와 연관이 있다. 그러나 의미를 모르는 것은 우울증의 원인이 아니라 증상일 뿐이다. 물론 이런 진단은 단지 우울증의 특정한 형태(내인성)에만 해당된다. 쉽게 설명하면 내인성 우울증에 시달리고 있는 환자는 그 정신 질환 때문에 자신에게서 아무런 의미도 찾지 못한다. 반면 신경성 우울증에 걸린 환자는 자신이 삶의 의미를 못 찾는다는 데서 우울증이 생길 수 있다는 뜻이다. 정신 질환의 제1원인은 어떤 생화학적 기질이다. 혹자는 프로이트주의 정신분석가들과 반대로 아들러주의자의 '개인적 심리학'은 자아 초월에 기여했다고 평가할 수 있을 것이다. 아들러주의 심리학자들은 인간을 동기에 추동되는 존재가 아니라, 목적에 의해 움직이는 존재로 본다. 그러나 더 깊게 들여다보면 그 목적이란 인간의 자아나 정신을 실질적으로 초월하지 않는다. 목적들은 '정신 내적인' 것으로 인식되고, 그러는 한에서 궁극적으로 열등감과 불안감에 대응하는 하나의 장치로 본다.

대한 우리의 인식이 바뀔 수 있다거나 바뀌어야 한다고 예상하게 만드는 것은 아무것도 없다."

이는 더 이상 경험과학과 관련성이 없는, 개인적 철학에 기초한 고집에 지나지 않는다. 개인적 이데올로기일 뿐이다. 그 말을 하는 순간 그는 자신을 생물학 차원에 가둬버렸고, 나아가 그보다 앞선 다른 차원이나 더 높은 차원을 부인해버렸다. 과학자는 자신의 분야에 고착되고, 한 차원에 안주하기 쉽다. 그러나 그는 자신의 과학에 개방적인 태도를 취했어야 했다. 최소한 다른, 더 높은 차원이 있을 가능성을 열어두어야 하는 것이다.

더 높은 차원은 더 포괄적이라는 점에서 더 높은 것이다. 예컨대, 사각형을 수직으로 세워 직육면체를 만든다면, 그것에 사각형이 포함되어 있다고 말할 수 있다. 사각형 안에서 일어나는 모든 것들이 직육면체 안에서도 담겨져 있는 것이다. 더 높은 차원은 배제하지 않고, 포함한다. 진실의 높고 낮은 차원 사이에는 상호 포섭만이 있을 뿐이다.

생물학자가 자신만의 신념을 과학이라는 이름으로 파는 대신에, 생물학의 지평 내에서 더 높고 궁극적인 의미와 목적을 보여주는 것이 온당한 자세일 것이다. 그가 주장할지 모르는 목적론자에 대한 증거는 없다. 우리 과학자들은 지식 이상의 것이 필요하다. 지혜도 가져야 하는 것이다. 내가 정의한 지혜는 지식에다, 그것의 한계에 대한 인식을 더한 것이다.

순수조우비판

5

The Unheard
Cry for Meaning:
Psychotherapy
and Humanism

* '순수조우비판' 은 칸트의 순수이성비판을 비유한 것이다.여기서 조우 (encounter)는 단순한 만남이 아닌 인간의 본질적인 행위임을 강조하는 개념을 나타내는 말이다. - 옮긴이

의미를 향한 소리없는 절규

인간적 심리학은 얼마나 인도주의적인가

현재 심리학에 가장 필요한 것은 무엇보다 심리요법을 인간의 차원, 인간적 현상의 차원으로 옮아가게 하는 것이다. 그래서 우리는 이 단계가 '인본주의 심리학' 운동으로 불리게 된 흐름으로 진정 대체됐는지를 확인해야 한다. 로고테라피가 이 운동의 대열에 '동참'했다고 인식되고 있다.

하지만 이번 논제에 대한 이해도를 높이기 위해 일단 인본주의 심리학 운동과는 분리시키는 게 필요하다. 그 우월적 지위를 비판적으로 바라보고 평가하기 위해서이다. 특히 이 운동의 핵심적 사항인 조우의 개념을 강조해 보려고 한다. 그 개념은 오용까지는 아니더라도, 너무 많은 오해가 있었기 때문이다.

조우의 개념은 인본주의 심리학보다는 실존주의자에게서 도출됐다. 마르틴 부버(Martin Buber), 페르디난드 에버(Ferdinand Eber), 제이콥 모레노(Jacob L. Moreno) 등 실존주의 사상가들이 도입했는데, 그들의 사상은 공존 형태의 실존에 대한 해석으로 요약된다. 조우는 나와 너 사이의 관계로 이해되는데, 그 본질상 인간사회, 또한 개인의 수준에서만 성립될 수 있다.

하지만 이 관점에는 무엇인가 빠져 있다. 바로 전체성의 차원이다. 이는 칼 뷜러(Karl Büler)에 의해 창시된 언어이론을 적용하면 이해할 수 있다. 그는 언어의 세 가지 기능에 대한 구분법을 내놓았다. 먼저 언어는 화자가 자신을 표현할 수 있게 하는 자기 표현의 매개물로 기능한다. 둘째, 언어는 화자가 대화 상대에게 전달하는 호소이다. 셋째, 언어는 항상 어떤 것을 묘사한다. 그 '어떤 것'이란 화자가 말하는 것이다.

즉, 화자는 (a) 자신을 표현하고 (b) 자신을 다른 사람 '에게' 전달한다. 그러나 화자가 어떤 것에 '대해' 이야기하지 않는 한 이 과정을 '언어'라고 부르는 것이 타당하지 않다는 뜻이 된다. 그래서 우리가 다루어야 하는 것은 자기 표현의 양식(그리고 상대에 호소를 곁여한)에 지나지 않는 유사언어 형태이다. 단순히 분위기만 표현할 뿐, 더 이상 현실에 관련되어 있지 않은 정신분열증 환자의 대화 방식도 당연히 그런 '언어'로 해석될 수 있다.

진정한 언어는 공존과 조우를 요구한다. 여기에 인간 내적,

그리고 개인간 의사소통이어야 한다는 세 번째 측면이 고려되어야 한다. 브렌타노와 후설의 현상학이 만든 조어인 '의도적인 지시 대상'은 이런 측면을 지적한 것이다. 모든 의도적인 지시 대상들, 언어가 언급하는 모든 대상들, 두 주체가 각자 의사소통하면서 '의미하게 된' 대상들이 구조화된 전체. 그 '의미'의 세계, 의미의 '우주'를 가장 적당하게 표현한 단어가 바로 '로고스'이다.

이런 사실에서 의미를 내쫓은 심리학은 인간 존재에게서 '의도적인 지시 대상'을 제거한, 즉 인간을 거세한 것임을 알 수 있다. 제 이름에 걸맞는 심리학은 그 이름의 양면, 로고스와 정신 모두에 공헌해야만 한다.

부버와 에드버는 조우가 인간의 정신생활에서 차지하고 있는 중심적 위치를 발견했을 뿐만 아니라, '나와 너'간의 대화로 기본적인 정의를 내렸다. 그러나 로고스의 차원에서 들어가지 않으면 진정한 대화는 불가능하다. 로고스가 없는 대화는 의도적 지시 대상에 대한 방향성을 잃은 것이고, 상호간 독백이나 다름없으며, 단지 상호간에 자기 표현일 뿐이다.

여기서 잃어버린 것은 거듭 언급된 '자아 초월'이라는 인간 본질의 특성이다. 이는 인간 존재가 기본적으로 관계맺기이며, 이 관계는 자신이 아닌 다른 어떤 것을 향한다는 것을 의미한다. 현상학파가 강조해 온 인지 활동의 '의도성'은 인간적 현상을 이해할 수 있는 한 측면을 형성한다. 바로 인간 실존의 자아 초월이다.

자기 표현에 국한된 대화는 인간 본질의 자아 초월 특성에 개입하지 않는다. 진정한 조우는 로고스에 대해 열려 있는 공존의 양식이다. 그래서 상대가 로고스를 향해 스스로를 초월하게 해준다. 심지어 상호간의 자아 초월도 촉진시킨다.

그러나 자아 초월이 의미 충족뿐만 아니라 다른 인간 존재, 다른 사람, 다른 사랑에 도달하려는 의미임을 간과하거나 잊어서는 안 된다. 사랑은 확실히 조우의 수준을 넘어선다. 사랑은 인간이라는 전체 수준에서 움직이고, 조우는 개인적 수준에서 움직이는 것이다. 세상이라는 넓은 관점에서 이루어진 조우는 대상의 인간성을 깨닫게 해준다. 반면, 그를 사랑한다는 것은 그의 본질적인 독특함까지 더 깊은 것에 이른다. 이 독특함은 개성의 본질적인 특성이다. 그러나 자아 초월은 의미 충족에 의한 것이거나, 사랑에 의한 것이든지 간에 똑같은 함의를 갖는다. 첫 번째 경우에는 비개인적 로고스가, 두 번째에는 개인적 로고스, 이른바 구체화된 로고스가 개입한다.

조우의 전통적 개념과는 대조적으로, 인본주의 심리학 분야 학자들이 제의한 상투적인 개념들이 아직도 구식 심리학에 집착하고 있다. 이런 심리학은 인간을 자아 초월적인 관계를 가능하게 하는 창문이 없는 단자로 보는 것이다. 그렇기 때문에 조우라는 개념은 저속한 것으로 취급된다. 인본주의적이라기보다는 기계적이고, 함부르크 대학의 피터 호프스타테르(Peter R. Hofstatter) 교수가 적절히 지적했듯이, '리비도 수리학' libido hydraulics*이 여전히 조우 그룹 운동에 스며들고 있다.

　다음의 사례가 그런 악명 높은 경우에 속할 것이다. '조우 그룹' – 인본주의를 내건 일종의 심리치료 그룹 – 에 참여하고 있는 한 여인이 매우 흥분하면서 이혼한 전 남편에 대해 화를 냈다. 그 그룹의 리더는 그녀를 찾아가 공격성과 화를 진정시키려 풍선 터트리기를 했다. 즉, 그 풍선은 진짜 대상인 남편을 대신하는 것이다. 그러나 그녀를 – 억압된 감정을 분출시키기 위해 – '행동화' act out하는 목적이 폭발의 '주체'인 그녀를 풍선으로 대상화하는 것이라고 말할 수도 있다.

　결국 그 목적에 따른 '폭발'은 없었다. 그녀가 '행동화'를 했다면 실제로 안도감을 느꼈을지 모른다. 그러나 그녀의 공격성이 완화된 이후 안도감이 올 것이라는 추정은 근거 있는 것일까? 그런 가정을 하는 것이 타당한 것일까? 그것이 분별없는 주입, 다시 말해 인간은 완전히 기계적이라는 지난 시대의 개념만 쫓아 주입한 결과가 아닐까? '행동화'는 아무것도 바꾸지 못했다. 화가 나는 이유는 아직도 남아 있다. 기본적으로 사람은 우선 화를 낼 이유가 있는지 여부를 따진다. 그가 보여줄 수 있는 어떤 형태의 반응이건, 화를 내는 방식에서는 자신의 감정은 그다지 중요하지 않

---

* 리비도의 증감으로 신경증의 원인을 설명하려는 경향을 지칭한다. - 옮긴이

은 것이다.

그러나 인간에 대한 기계적인 개념은 환자를 치료하는 기본 태도에서, 앞서 요약한 것처럼 환자 자신을 '리비도 수리학'의 방식으로 이해하도록 유도한다. 결국 주어진 상황에 마땅히 뭔가 대응해야 하는 것이 인간 존재라는 점을 잊게 만든다.

환자는 자신의 입장을 견지하고 자신의 감정, 공격성에 대한 태도를 선택할 수 있다. 이런 '인간적 잠재성'은 최선의 상태로 진정한 인본주의적 개념에서 중심적인 위치를 차지해야 한다. 이런 이론에 기반한 치료는 그 잠재성이 환자에게서 촉진된다는 자각에 이르게 한다. 가능하면 세상에서 뭔가를 더 낫게 변화시키는, 필요하다면 자신을 더 긍정적으로 변화시키는 인간의 자유에 대한 지각이다.

다시 이혼한 여인의 사례로 돌아가 보자. 그녀가 선택할 수 있는 태도 중에서 '화해'는 어떤가? 전 남편과 화해하는 것이 가능하다면, 혹은 필요하다면, 그녀는 이혼녀라는 자신의 운명과도 화해할 것이다. 그리고 앞으로 나아가 그런 곤경을 인간이라는 수준에서 성취로 바꿔 놓을 것이다. 우리는 환자들의 이런 가능성, 곤경을 딛고 일어나, 그 이상으로 성장하고, 결국에는 부정적인 경험을 긍정적이고 창의적인 경험으로 만들어갈 가능성을 부인하고 있지 않은가? 우리가 환자더러 외적 영향과 내적 환경의 희생자이며, 체스게임의 졸이나 마찬가지인 것이 신경질환이라고 믿게 할 경우, 그에게서 그런 가능성을 차단하는 게 아닐까?

주제를 화에서 슬픔으로 바꿔 보자. 사랑하는 사람을 잃어 비관하고 있는데, 평정이 필요한 사람의 반응은 어떤 것일까?

"현실을 앞에 두고 눈을 감는다고 현실이 없어지지는 않습니다. 내가 잠에 들어 사랑하는 사람의 죽음을 생각하지 않는다고 그가 죽었다는 사실을 없애 주지는 않습니다. 제가 걱정하는 것은 그가 죽었는지, 살아있는지입니다. 내가 탈이 났는지를 걱정하는 게 아닙니다."

그가 염려하고 있는 것은 자신이 행복한지 불행한지가 아니라, 자신이 행복하거나 불행한 이유가 있는지 여부다. 빌헬름 분트(Wilhelm Wundt)의 시스템은 '정신을 결여한 심리학'이라는 비판을 받았다. 이 이론은 오랫동안 극복되었는데, 아직도 '로고스를 결여한 심리학'이 주변에 남아 있다. 인간 행동을 세상에 널려 있는 이유로 인해 유발된다고 해석하기보다는, 한 사람의 정신 (혹은 육체) 내부에서 작동하는 원인들에서 비롯된다고 보는 견해들을 말한다.

앞 장에서 지적했듯이 원인들은 이유들과 다르다. 기분이 좋지 않아 술을 마시면, 술은 불쾌감을 없애 주는 '원인'이 된다. 하지만 불쾌한 '이유'는 그대로 남아 있다. 마음의 평정을 찾는 것도 마찬가지이다. 그렇게 한다고 운명이 바뀌거나 사별(死別)한 상황이 번복되지 않는다. 그러나 태도를 바꾸는 것은 어떤가? 곤경을 인간이라는 수준에서 성취로 바꿔 놓는 것 말이다. 세상 속의 인간과 결별한 심리학에서는 이럴 수 있는 여지가 전혀 없다. 인간을 정신역학의 상호작용이 작동하고 있는 닫힌 체계로 보는 심리학은 필연적으로 비극을 승리로 전환시키는 인간의 능력을 제거해버리고 만다.

문제는 공격성의 개념에서부터 발생한다. 로렌츠의 노선에 따른 생물학적 개념이든지, 아니면 프로이트의 지침을 따른 심리학적 개념이든지 간에 핵심은 거기에 있다. 이들 개념들은 본질적인 인간 현상으로서 의도성을 완전히 무시했기 때문에 부적합한 것이다. 사실 우리의 정신 속에는 배출구를 찾으면서, "단지 희생자"라며, '행동화' 작업을 실행할 대상을 찾으라고 압박하는 공격성, 혹은 그와 유사한 요소는 없다.

인간이라는 수준에서, 즉 인간 존재로서, 인간은 일정한 양의 공격성을 숨기고, 용이한 표적을 향해 겨냥하지는 않는다. 실제 내 경우는 이와 다르다. 나는 증오한다. 어떤 것이건, 어떤 사람이건. 어떤 사람(내가 증오하는 것을 만들어낸 사람이거나, 그것의 '소유주')을 증오하는 것이 어떤 것을 증오한다는 것보다 더 의미가 있다. 내가 그 사람을 개인적으로는 미워하지 않으면 내가 싫어하는 부분을 그가 극복할 수 있도록 도와 줄 수 있기 때문이다. 설령 내가 싫어하는 부분이 있더라도 그를 사랑할 수도 있다. 그러나 사랑과 증오는 모두 공격성과는 다르게 인간적 현상이다. 그것들은 의도적이기 때문에 인간적이다. 내가 어떤 것을 증오하는 데는 이유가 있다. 그리고 누군가를 사랑하는 이유도 있다. 반대로 공격성은 원인에 의해 촉발되는 것이다. 이들 원인들이 심리적, 생리적인 본능에 속한 것일 수도 있다.

심리적 본능일 가능성에 대해서는, 헤스(Hess)의 고전적인 실험을 상기해 보자. 그는 고양이의 뇌에서 특정 부위에 전기자극을 가하면 공격성을 일으킬 수 있다고 주장했다.

나치의 국가사회주의에 저항하는 운동에 참여한 사람들이 어쩌다가 히틀러에게 한번 반항하고 싶어 공격적인 충동을 발산시키려 했다고 가정하는 것은 억지이다. 그들이 실제로는 아돌프 히틀러로 불리는 사람과 싸울 의도는 없었다. 다만 국가사회주의라는 체제에 대항한 것뿐이다.

오늘날 공격성은 각종 학술회의나 토론회에서 화제로 부상했다. 더욱 중요한 것은 이른바 평화 연구 분야에서 공격성에 대해 관심을 집중하고 있다는 것이다. 그러나 평화 연구가 그런 비인간적이고 개인에 관계가 없는 개념에 기대는 한 실패를 예감할 수밖에 없다. 물론 공격적인 충동은 인간에게 있다. 그것을 우리의 잠재적 조상(原人)에게서 물려받은 유산으로 해석하든, 아니면 정신역학적 이론에 따라 어떤 것에 대한 반응으로 보든지 간에 그 사실을 부인하지는 않는다.

그러나 인간이라는 수준에서 보면 공격적인 충동은 개인에게 본질적으로, 그 자체로서per se 존재하지는 않는다. 항상 개인이 취해야 하는 태도, 오랫동안 취해 온 태도에 달려 있다. 이는 자아 이탈이라는 인간만의 독특한 능력을 보여주는 표현이다. 자아 초월은 전술한 바와 같이 공격성과는 달리 증오가 의도적이라는 사실에서 드러난다. 그가 그런 충동으로 자신의 정체성을 드러냈는지, 아니면 그것과 자신을 분리시켜 왔는지 선택해 온 데 달려 있다.* 결국 관건은 개인과 상관없는 공격적 충동에 대한 태도이지, 그 충동 자체가 아니다.

자살 충동에 대해서도 마찬가지이다. 예컨대 자살 충동의 정도를 재보려는 시도는 의미가 없다. 자살의 위험은 자살 충동의 강도에 좌우되는 것이 아니라, 개인으로서 이들 충동에 대응한 반응에 달려 있다. 또 다시 그 반응은 삶에서 무언가 의미 있는 것을 보았는지 여부에 달려 있다. 그게 고통이라고 하더라도 말이다. 심리요법 중에는 자살 충동의 정도를 측정하지 않으면서, 상대적으로 더 결정적인 요소, 그 충동에 대한 개인적 태도를 평가하는 시험법이 있다. 나는 이 시험법을 1930년대에 개발,《의사와 영혼(The Doctor and Soul)》(1955)에 소개했다.

평화 연구는 인류 전체의 생존에 대해 관심을 두고 있다고 말

---

* 이는 자아 이탈이라는 인간만의 독특한 능력을 보여주는 표현이다. 자아 초월은 전술한 바와 같이 공격성과는 달리 증오가 의도적이라는 사실에서 드러난다. -옮긴이

할 수 있다. 그러나 공격적 충동에 대한 태도를 조절할 수 있는 인간의 능력에 호소하지 않고, 그것들을 관망한다. 그로 인해 숙명론에 빠질 약점을 갖고 있다. 공격적 충동들은 그것에서 변명을 만들고, 증오에 대한 핑계거리를 제공하는 것이다. 증오가 하나의 충동이고 기제라고 교육받는 한, 인간은 증오하기를 멈추지 않을 것이다. 증오하는 것은 바로 인간이다. 더 중요한 것은 '공격적 잠재성' aggressive potential이라는 개념이 사람들에게 공격성을 분출할 수로를 만들 수 있다고 믿게 만든다는 것이다. 콘래드 로렌츠의 행동주의 연구자들은 공격성을 중요하지 않은 대상으로 돌리고, 이를 위해성이 없는 행동들로 해소하려는 시도는 단지 화만 더 돋우고, 대개는 공격성을 강화시킨다는 사실을 밝혀냈다.

공격성과 증오의 차이점은 섹스와 사랑의 관계로 설명할 수 있다. 나는 성욕 때문에 파트너에 빠진다. 인간이라는 수준에서 보면, 나는 파트너를 사랑한다. 그런 이유가 많이 있다고 생각하기 때문이다. 그리고 그녀와의 성교는 사랑의 표현이다. 사랑의 '체현'인 셈이다. 잠재 인간이라는 수준에서는, 나는 그녀를 단지 리비도(libido, 성본능 에너지)의 정신 집중 대상으로 본다. 환자들은 그런 식의 섹스 행위를 두고 '여자 위에서 자위한다'고 표현한다. 그들은 그런 말을 하면서 정상적 접근 태도가 무엇인지를 찾아낸다. 그들은 파트너를 더 이상 '하나의 대상'으로 보지 않고, 또 하나의 주제로 본다. 이는 그들로 하여금 타인을 단지 목적을 이루는 수단으로 보던 생각을 미리 배제시켜 버린다. 인간이라는 수준에서는, 누구도 파트너를 '이용'하지 않는다. 인간 대 인간의 바탕에서 '조우'한다. 개인의 수준에서는 그는 개인 대 개인의 바탕에서 그녀를 만난다. 이는 그가 그녀를 사랑한다는 의미이다. 조우는 파트너의 인간성을 간직한다. 반면 사랑은 개인으로서 그만의 독특함을 발견한다.

진정한 조우는 자기 표현이 아니라 자아 초월에 기반하고 있다. 특히 진정한 조우는 로고스를 향해 초월한다. 유사조우pseudo-encounter는 《로고스가 없는 대화(Dialogue without Logos)》(프랭클, 1967)에 바탕을 두고 있다. 그런 대화는 상호 자기 표현의 정거장일 뿐이다. 이런 형태의 조우가 오늘날 광범해지고 있는 이유는 사람들이 관심의 대상이 되는 것에 너무 많은 관심을 쏟기 때문이다. 이는 역으로 결핍에 의한 것이다.

산업사회의 비인간적인 풍조 속에서 역사상 가장 많은 사람들이 소외감에 고통받고 있다. '고독한 군중' 속의 고독이다. 이런 인정의 결핍을 채우려는 강한 열망이 솟구치는 것은 이해할 만한 일이다. 사람들은 친밀성을 애타게 요구한다. 친밀성에 대한 요구는 매우 시급한 것이어서 이를 얻는데 비용, 수준을 가리지 않는다. 역설적이게도 말 그대로 비인간적 수준, 단순한 성적 친밀성의 수준에서도 충족시키려 한다. 친밀성에 대한 요구는 "제발 만지세요"라는 초대장을 보내는 지경으로 떨어진다. 성적 친밀성에서 성적인 난교(亂交)까지 거리는 불과 한 걸음이다.

성적 친밀성보다 더 필요한 것은 실존적 사생활이다. 더더욱 필요한 것은 외로운 최상의 존재가 되는 것이다. 홀로 있는 '용기를 갖는 것'이다. 부정적인 것(사람이 없음)을 긍정적인 것(교제의 기회)으로 바꾸는 것을 가능하게 하는 창의적인 고독도 있다. 이런 기회를 이용해 사람들은 산업사회가 너무 무겁게 강조하는 활력있는 생활vita activa을 보충할 수 있다. 그리고 명상적인 생활vita contemplativa도 할 수 있다. 이로부터 우리는 적극성에 대한 실제적인 반대개념이 수동성이 아니라, 수용성임을 알 수 있다. 중요한 것은 의미 충족의 창의적, 경험적 잠재성 간에 건강한 균형을 이루는 것이다.

심리상담이나 치료를 갈망하는 사람들의 문제는 사회가 이미 쳐놓은 환경 속에서 값을 치러야 한다는 것이다. 그런 갈망을 거둬들여 돈을 버는 사람들은 직업 윤리의 제한이 없다. 적절한 훈련을 받거나, 적당히 감독되고 있지도 않다. 그들이 얼마나 진지한 관심을 보여줄 수 있을지는 어렵지 않게 예상할 수 있다. 우리는 성문제에서 위선자들이 멸시의 대상이 되고, 성적 난교에 민감성인지, 조우인지 구분하지 않는 것을 지켜봐야 하는 시대에 살고 있다. 성교육을 가장해 성을 팔고 있는 사람들, 누드 마라톤에 참여한 사람들… 이런 사람들과 비교하면 평범한 창녀들의 솔직성에는 감사해야 할지 모른다. 그들은 적어도 자신들의 일을 인류를 위한 것이라고 꾸며대지는 않는다.

아직도 많은 저술가들이 불행의 원인을 추적하면 종국에는 오르가즘에 대한 불만이 있고, 이를 적절히 치료해야 한다고 주장하고 있지 않은가. 우리는 이상적인 직업적 윤리에 따라 살지 못하는 경우가 종종 있다. 결국 실패한다는 것은 인간 조건의 일부분이다. 그러나 실패한다고 해도, 그에 대해 자부심을 갖지는 말아야 한다. 그러나 어떤 집단에서는 그런 경우가 가끔, 아니 자주 일어난다. 프로이트는 역전이*의 발산을 막는 규칙을 세웠을 때, 자신이 무슨 일을 했는지 아주 잘 알고 있었다. 예외는 때때로 일어나지만, 그 규칙에 예외조항을 두지는 않는다.

그러나 현재의 친밀성에 대한 숭배는 이해할 만하다. 어빙 예롬(Irvin Yalom)이 지적했듯이, 미국인들의 이동성이 상당 부분 소외현상을 야기한다. 이 도시 저 도시로 이주하는 외국인 이민자들이 많은 것이다. 그러나 소외는 타인들뿐만 아니라 자신과도 관련이 있다. 사회적 소외가 있는가 하면, 자신의 감정에 대해 느끼는 감정적 소외도 있다. 너무 오랫동안 앵글로 색슨 국가들을 지배해 온 청교도주의로 인해 미국인들은 자신들의 감정을 통제하고 억압해야 했다. 표현할 수 없는 그 무엇이 성적 본능의 억압을

---

* 역전이(counter transference)는 상담자가 피상담자와의 관계에서 억압된 무의식적 갈등이나 동기를 행동으로 표출하는 것을 말한다. 프랭클은 상담 과정에서 일어나는 도덕적 해이를 비판하고 있는 것이다.
  - 옮긴이

요구했다. 그래서 그 반대의 극단이 일격을 가했다. 이것이 프로이트의 가르침이 대중화(저급화라는 뜻은 아니다)된 배경이다. 오늘날 우리는 이 사회가 본능 충족의 자유를 허용한데 따른 극단적인 결말들을 보고 있다. 사람들은 본능적인 욕구 불만과 감정적 긴장에 대해 인내할 수 없음을 내보이고 있다. 그들은 '부절제'를 드러낸다.

'조우 그룹'은 바로 이런 결말에 수단이 되기 쉽다. 그러나 여기서 우리는 치료법뿐만 아니라 동시에 증상에 대해서도 다뤄야 한다. 결국 '부절제'는 정신과 육체 모두에 결함을 가져온다. 육체적으로는 동맥경화증의 사례들을 생각해 볼 수 있다. 동맥경화의 불균형을 이루면 환자들은 웃거나 울기 시작하고, 멈출 수 없다. 마찬가지로 뇌 기능장애의 징후로 개인적 거리감을 지각하지 못하는 현상이 나타난다. 간질병 환자에게서 관찰되는 심신부조(不調)도 이와 비견될 수 있는 증상이다. 그 환자는 모든 사람과 즉각 친해진다. 끊임없이 자신의 사생활을 털어놓거나, 혹은 상대방에게 요구한다. 이를 멈추지 못한다.

요약하면 '조우 그룹' 운동과 성적 민감성 훈련은 각각 사회적, 감정적 소외에 대한 반응이다. 그러나 한 문제에 대한 반응을 그 문제에 대한 해결과 혼동하지 말아야 한다. '반응'이 치료력이 있는 것으로 판명됐다손쳐도, 이는 단지 증상에 해당하는 것이고, 완화하는 정도이다. 더 나쁜 경우, 그런 치료가 질병을 악화시킬 수 있다. 감정이란 환자가 시작부터 의도적으로 일어나지 않는다. 감정은 '과잉의도' hyperintention에 부정적 반응을 보인다. 이것이 분명하게 나타나는 감정이 행복감이다. 행복감은 결과로 일어나는 것이고, 추적될 수 없다. 행복감은 일어나야 하고, 우리가 일어나게 해야 한다. 역으로, 우리가 그것을 겨냥하면 할수록 더 놓치기 쉽다. 내가 가르치는 대학원생들이 조우 그룹에 무슨 일이 일어났는지에 대해 개별적으로 연구한 적이 있다. 그 보고서에는 이런 내용이 있었다.

> "내게 많은 사람들이 친구가 되어달라고 부탁했다. 나는 그들을 껴안고, 사랑하니 친구가 되자고 말하는데 별로 진심을 느낄 수 없었다. 그러나 어쨌든 그렇게 했다. 나는 스스로 감정을 느끼려 애썼지만, 소용이 없었다. 더 노력할수록 더 어려워졌다."

우리는 요구하거나, 명령하거나, 주문할 수 없는 행동들이 있다는 사실을 직시해야 한다. 그것들은 '뜻대로' 세워질 수 없기 때문이다. 나는 '뜻대로' 믿게 할 수 없다. 나는 '뜻대로' 바라게 할 수 없다. 나는 '뜻대로' 사랑하게 할 수 없다. 나는 조금도 '뜻대로' 뭔가를 하게 할 수 없다. 그렇게 하려는 시도는 신념, 희망, 사랑, 의지와 같은 인간의 현상에 완전히 조작적인 접근을 드러낸다. 이 조작적 접근이 이번에는 현상들의 사물화와 부적절한 객관화에서 연유한다. 이를 더 잘 이해하기 위해 주체의 주요 특성을 살펴보자. 한 주체는 자아 초월의 덕분에, 혹은 인지활동의 의도성으로 항상 자신의 객체와 관계한다. 즉, 인지활동이 '의도적인 관계맺기'에 이르는 것이다. 한 주체가 단순히 사물(물신화, reification)이 되는 만큼, 그 자신은 객체(객관화, objectification)로 변한다. 그와 같은 정도에서, 그 자신의 본래 객체들은 사라져 버린다. 그 때문에 마침내 그의 주체적 특성들을 함께 잃는다. 이는 인간 존재는 물론 인간의 현상에서도 마찬가지이다. 우리가 인간 현상을 숙고하면 할수록, 그것의 '의도적 관계맺기'에 대한 시각을 더 잃어버린다.

긴장이완은 어떤 '조작적' 시도도 거부하는 특성이 매우 강하다. 이는 J. H. 슈츠의 체계화된 이완운동에서 잘 설명된다. 그는 환자들에게 운동을 하는 동안 팔이 점점 무거워진다고 상상하라고 지시했다. 이는 환자들에게 자동적으로 이완을 일으켰다. 그가 이들 환자들에게 긴장을 풀라고 '주문'했다면, 그들의 긴장도는 더 증가되었을 것이다. 그들이 더욱 의도적으로 이완하려 애썼을 게 분명하기 때문이다.

열등감을 치료하는 것도 이와 별반 다르지 않다. 환자는 직접적인 시도로는 열등감을 절대 극복하지 못한다. 열등감을 제거하려면, 우회적인 방법으로 해야 한다. 예컨대 열등감을 '무릅쓰고' 어떤 곳에 가거나, 자신의 일을 하는 것이다. 환자가 자신의 열등감에 관심을 집중하고, 그것과 '싸우는' 한, 그는 계속 고통을 받게 된다. 하지만 그의 관심이 다른 곳, 이를테면 일에 두어지면 열등감은 위축된다.

어떤 것에 너무 많은 관심을 두는 것을 나는 '과잉반성' hyper-reflection이라고 부른다. 이는 똑같이 신경증을 유발하는 과잉의도와 유사하다. 사실 이 두 가지는 '조우 그룹'이 강화하고 향상시켰다. 이 조합에서 환자들은 자신을 신중히 관찰하고 주시할 것을 주문받는다. 더 중요한 것은 환자가 속으로 자신을 얼마나 책망하든지 간에 끊임없이 개별적 구성원들과 토론하도록 권장된다. 그런 상황에는 '과잉 토론'이라는 말이 적당할 것이다. 그리고 과잉토론은 공허를 초래하고, 이 공허함에 신경증이 증식한다. 실존적공허함을 채워야만 신경증은 위축된다.

그런 의미에서 샬롯 뷜러(Charlotte Bühler : 1970)의 평가는동의할 수밖에 없다.

"많은 혼란과 부정적인 부수효과에도 불구, '조우 그룹' 운동의 기본적인 소득은 분명해 보인다."

그 주요 소득들 가운에 그녀는 '협력과 협조의 정신'을 꼽았다. 사실 적절하게 형성된 조우 그룹은 분명히 삶의 의미를 토론하는 데 상호 지원의 분위기를 제공할 수 있다. 그런 조우 그룹은 개별 구성원들의 자기 표현에 빠지기도 하지만, 자아 초월을 촉진시키기도 한다. 비판적 평가도 있다. 로버트 호메스(Robert M.

Holmes : 1970)는 "그룹 로고테라피는 큰 분열을 초래했다"고 말했다. 호메스가 생각한 것은 "로고테라피라는 도구를 구체적인 집단 상황에 줄 수 있는 가능성"이었다. 그리고 그는 논문에서 다음과 같이 결론지었다.

"자신들의 실패와 '실존적인 공허'에 대한 토론을 요구받는 그런 그룹에서 누가 결과를 예상할 수 있는가? 삶의 피할 수 없는 현실 속에 자신의 이야기를 의미 추구의 입장에서 얘기하라는 원칙 속에서 무슨 개인적 발견이 이뤄지겠는가?"

6

성의 비인간화

The Unheard Cry for Meaning: Psychotherapy and Humanism

* 〈성의 비인간화〉는 논문 〈사랑과 사회(Love and Sciety)〉를 개정, 증보한 것이다. 이
는 일본어로 번역되어 단행본으로 출간되었다(《현대인의 병리학(Pathology of
Modern Man)》, 사다요 이시카와 편집, 세이신 쇼보, 1974).

성과 인간

사랑에 대한 이야기 없이 인간적 섹스에 대해 논할 수는 없다. 그러나 우리는 사랑을 이야기할 때 그것이 특별한 인간의 현상이라는 점을 상기해야 한다. 그리고 환원주의자들의 방식으로 대하지 말고, 사랑은 인간성에 보존되어 있음을 알아야 한다.

환원주의는 정확히 무엇인가? 나는 이를 인간의 현상들을 잠재적 현상으로 격하시키거나, 잠재적 현상에서 인간의 현상으로 유추하는 유사과학적pseudo-scientific 절차라고 정의하고 싶다. 이들은 사랑에 대해 인간이 다른 동물들과 나누고 싶은 성적 욕구와 본능의 승화물로 해석한다. 그런 해석은 인간의 현상에 대한 진정한 이해를 가로막을 뿐이다.

사랑은 진정 인간의 현상을 망라하는 한 모습이다. 기본적으로 인간은 동기이론들이 주입시키는 것처럼, 결핍을 채우고, 욕구와 본능을 만족시킴으로써 생체 내 균형homeostasis과 평정을 회복하고, 유지하려는 것에 관심을 두고 있지는 않다. 그보다 인간은 인간 실체의 자아 초월 특성 덕분으로 자신을 넘어서는데 관심을 갖고 있다. 그것은 의미 충족을 지향하거나, 혹은 조우하기를 바라는 다른 인간 존재를 지향할 수도 있다.

그러나 사랑의 조우는 다른 인간 존재를 목적에 다다르는 수단으로 여기거나 이용하는 것을 절대적으로 배제한다. 리비도가 만든 긴장, 혹은 공격성, 또는 충동과 본능을 줄이는 도구로 생각하지 않는다. 그런 관계는 자위 상태에 이르게 한다. 얼마나 많은 성적 신경증 환자들이 부부생활에 대해 그런 실상을 전해 주었는가? 그들은 자주 "파트너 위에서 자위하는 기분"이라고 실토한다. 그런 태도는 인간적 섹스에 대한 신경증적 왜곡으로 볼 수 있다.

인간적 섹스는 항상 단순한 섹스 이상이다. 섹스는 어떤 육체적 표현으로서의 사랑을 넘어선 것이다. 섹스는 이런 기능을 이끌어내는 한에서만 진정 가치있는 경험이 된다. 마슬로우(1964)는 "사랑할 수 없는 사람은 사랑할 수 있는 사람의 섹스에서 느껴지는 전율 같은 것을 얻지 못한다"고 적절하게 지적했다. 미국의 한 심리학 잡지가 독자 2만 명을 대상으로 설문조사한 바에 따르면, 성적 능력과 오르가즘이 가장 고양되는 요소는 낭만성이었다.

이는 어느 정도 사랑과 가까운 개념이다.

그러나 인간적 섹스가 단순한 섹스 이상이라고 말하는 것이 아주 정확하지는 않다. 아이블-아이베스펠트(Eibl-Eibesfelt : 1970)는 몇몇 척추동물에서도 성행위가 집단 유대에 기여하고 있으며, 이는 떼를 지어 사는 영장류에서 특히 두드러진다고 밝혔다. 아이블 아이베스펠트는 성적 교류가 종족의 번식뿐만 아니라, 파트너들 간에 일부일처의 관계도 수행한다고 언급했다.

사랑이 본질적으로 인간의 현상이다. 프로이트가 충동과 본능의 목적, 그리고 대상을 구분한 이론부터 검토해 보자. 그 이론에 따르면, 섹스의 목적은 성적 긴장의 감소이다. 섹스의 대상은 성적인 파트너다. 내가 보기에, 이런 주장은 오로지 신경증적 성욕에만 유효하다. 신경증적인 사람만이 우선적으로 정액 분출에 집착한다. 자위행위이건, 파트너를 이용하건, 이것들은 똑같은 결말에 이르는 다른 방법일 뿐이다.

분별 있는 사람에게 섹스 파트너는 '대상'이 전혀 아니다. 그런 사람이라면 파트너를 또 다른 주체, 또 다른 인간 존재로 본다. 자신도 그 인간성 속의 자신으로 바라본다. 그가 진정으로 그 속의 자신을 사랑하면, 파트너 속에서도 또 다른 사람을 보게 된다. 그 사람은 바로 그가 자신에게서 보았던 그만의 독특한 존재이다. 이 독특함은 인간 존재의 개성을 구성한다. 인간에게 이런 식으로 또 다른 자신을 움켜잡을 수 있게 해주는 것은 사랑밖에 없다.

사랑하는 사람의 독특함을 붙잡는 것은 일부일처제의 관계를 낳는다. 이해할 수 있는 대목이다. 그 파트너는 더 이상 교환할 수 없다. 역으로 사랑할 수 없는 사람은 난교의 상황으로 결말지어질 것이다. 자위행위가 긴장 감소라는 목적을 만족시키는 의미이기 때문에, 난교는 파트너를 대상으로 본다는 의미가 된다. 어느 경우에도 인간의 성적 잠재성은 실현되지 않는다.

난교를 탐닉하는 것은 파트너의 독특함을 무시한다는 것을 시사하고, 이는 사랑의 관계를 배제시킨다. 사랑이 담겨진 섹스만이 가치 있고 만족스럽기 때문에 그런 사람의 성적 생활의 질은 형편없을 수밖에 없다. 그는 놀랍게도 이런 특성의 결핍을 섹스의 양으로 채우려 할 수도 있을 것이다. 그렇게 되면, 영원히 자극을 증가시키고 강화시켜 주는 것이 절실하다. 그런 게 있다면, 포르노그라피일 것이다.

여기서 난교나 포르노그라피와 같은 대중 현상을 찬양하거나, 진보적인 것으로 보는 것이 온당하지 않다는 점을 분명히 해야 한다. 그런 것들은 퇴행적 현상들이다. 성적 자위 행위에 방해가 되는 증상들이다.

단순히 즐기기 위한 섹스가 뭔가 진보된 것이라는 신화는, 그게 좋은 장사꺼리가 된다는 것을 아는 사람들이 조장한 것이다. 그 점 또한 잊어서는 안 된다. 나를 당혹시키는 것은 젊은 세대들이 그런 신화에 찬성할 뿐만 아니라, 그 뒤에 숨겨진 위선을 모른다는 것이다. 성적인 문제에 대한 위선에 눈살을 찌푸리는 세대인 그들이 검열에 대항해 언론 자유를 선전하는 사람들의 위선에 대해서는 모른 채 한다는 것은 참으로 이해할 수 없다. 그들의 속내가 돈을 벌기 위한 무제한적인 자유라는 것을 알아채는 게 그렇게 힘든 일인가?

장사는 그에 맞는 수요가 없으면 성공할 수 없다. 우리가 목도하고 있는 현재의 문화는 성의 인플레이션이라고 불러도 무방할 정도이다. 이를 이해할 수 있는 유일한 배경 설명은 실존적인 공허이다. 그리고 사람들은 더 이상 충동이나 본능으로 해야 할 것을 구분하지 않고, 전통과 가치규범을 의무 기준으로 생각하지 않는다. 종종 자신이 하고 싶은 것이 무엇인지 모르는 경우도 있다는 사실이다.

이런 성적 상황의 결과로 나타난 실존적 공허 속에서 성적 리비도는 이상 발달하는 경향을 보인다. 성의 인플레이션을 야기한 것은 이런 이상 발달이다. 다른 종류의 인플레이션처럼 성적 인플레이션은 가치 하락을 동반한다. 성은 비인간화된 가치로 전락한다. 그래서 성생활이 한 개인의 삶으로 통합되지 못하고, 단지 쾌락만을 위해 살아가는 경향을 보게 되는 것이다. 그런 성의 비인간화는 실존적 좌절감, 의미 추구에 대한 절망감의 증상이다.

그렇다면 그 영향은 어떤가? 인간은 의미 추구가 절망스러울수록, 미국 독립선언문에 명시된 '행복 추구권'에 강하게 몰두한다. 의미 추구에 대한 좌절감에서 비롯된 행복 추구는 중독과 마취상태를 겨냥한다. 이는 자기 방어로 분석될 수 있다. 행복은 자기 초월을 통해 헤쳐 나온 삶의 결과로 일어난다. 삶을 바쳐야 할 명분이나 사랑하는 사람에 대한 헌신으로만 가능한 것이다.

그것이 성적 행복보다 더 분명하게 나타나는 것은 없다. 그것을 겨냥할수록 놓치기 쉽다. 남성 환자가 성기능에 대해 걱정하면 할수록, 불감증이 될 가능성이 높다. 여성 환자가 완벽한 오르가즘을 경험할 능력이 있음을 내보이려 하면 할수록, 불감증에 걸리기 십상이다.

나는 다른 곳(프랭클 1952, 1955 : 이 책의 〈역설적인 의도와 방관〉을 참고할 것)에서도 언급했지만, 성적 신경증은 보통 성적 성취감에 대한 요구 특성을 지니는 것으로 설명된다. 따라서 그런 상태를 치료하려는 시도는 그런 특성을 제거하는 것부터 시작해야 한다. 나는 그런 치료에 도움이 되는 기법을 개발해 첫 영어본인 《성과학의 국제 저널(International Journal of Sexology)》(프랭클, 1952)을 펴냈다. 그러나 여기서 강조하고 싶은 것은 현재 문화가 앞에서 요약한 동기들 때문에, 성적 성취감을 우상화하고 있고, 나아가 성적 신경증 환자들이 경험하는 요구 특성에 가미되어 증상을 더 키우고 있다는 것이다.

여성 파트너들이 더욱 자발성과 적극성을 갖게 해주는 피임약도 남자 파트너에게 성교란 '요구되어지는 어떤 것'이란 인식을 강화시킨다. 미국의 일부 저술가들은 여성해방운동이 여성들을 오랜 터부와 금기에서 벗어나게 하면서, 여대생들까지 성적 만족 요구 특성(남학생에게 그것을 요구하는)을 지니게 됐다고 비난한다. 그 결과, 새로운 문제거리들이 등장했다. 이는 '대학생 발기부전' college impotence, 혹은 '새로운 발기부전' new impotence 등으로 다양하게 불린다(진스버그(Ginsberg), 1972). *

인간의 잠재적 수준에서도 유사성을 관찰할 수 있다. 어류 중에는 암컷이 습관적으로 교태를 부리며 짝을 찾고 있는 수컷에게서 도망다니는 종류가 있다. 그러나 콘래드 로렌츠는 훈련을 통해 이와 정반대로 암컷들이 수컷들에게 맹렬히 접근하도록 하는데 성공했다. 수컷들의 반응은? 대학교 남학생들을 연상하면 된다. 완전히 성교가 불능한 상태였다!

피임약에 대해서는 부수적인 측면만 논의했다. 긍정적인 측면에서 보면, 헤아릴 수 없을 정도의 공헌도 있다는 사실을 유념해야 한다. 섹스를 하게 만드는 것이 사랑이라면, 섹스에서 임신에 대한 걱정을 벗겨 주고, 그래서 섹스가 사랑에 대한 순수한 표현이 되게 해준 것은 피임약이다. 인간적 섹스는 쾌락의 중요성에

---

* "여성들이 오르가즘에 대해 알아버렸다." 뉴잉글랜드 성 건강 센터의 소장 나일즈 프리덤(Nyles A. Freedom)이 이렇게 말했다. "실제적인 분노나 공포를 야기할 수 있는 파괴적인 행위가 생겨났다. 성적 불감증은 날로 증가하고 있다. 남성들이 여성들도 기대하고 있다고 예상하고 있는데 상당 부분 원인이 있다. 그리고 미국 가족관계 연구소의 데나 K. 화이트북은 여성들의 비이성적인 요구 특성에 대해 정면으로 비판했다(〈뉴스위크〉, 1978년 1월 16일).

봉사하는 단순한 도구로 삼지 말아야 한다. 그러나 출산 본능이라는 목적을 이루는 단순한 도구로 인식되는 것도 안 된다. 피임약은 그런 전제왕국에서 성을 해방시켰고, 진정한 잠재성을 실현할 수 있게 해주었다.

빅토리아 시대의 성적 터부들과 금기들은 대부분 사라졌다. 성관계의 자유가 주어졌다. 우리가 잊지 말아야 할 것은 책임성 있게 살지 않으면, 그 자유가 방종과 전횡으로 쇠퇴할 수 있다는 것이다.

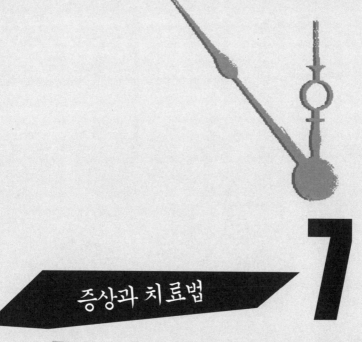

7

증상과 치료법

The Unheard
Cry for Meaning:
Psychotherapy
and Humanism

*이 강의는 1975년 11월 18일 오스트리아 빈의 힐튼호텔에서 열린 국제 P. E. N. 대회에 초청되어 가진 것이다.

현대문학을 조망하는 정신의학자

이 모임에 연사로 초청받았을 때 처음에는 무척 머뭇거렸다. 그곳에 모인 각국의 대표 문학가들 중에는 정신의학 분야에 잠깐 손을 댄 사람들이 많았다. 나는 정신의학자들이 현대문학 분야에 관여하는 것이 참 못마땅하다. 더 중요한 것은 정신의학은 현대문학에 대해 거론할 게 아무것도 없다는 점이다. 정신의학자들이 해답을 갖고 있다는 것은 사실이 아니다.

오늘날에도 우리 정신의학자들은 한 예로 정신분열증 schizophrenia의 원인이 무엇인지 모르고, 치료법에 대해서는 더욱 모른다. 항상 하는 얘기이지만, 우리는 전지(omniscience, 全知)하지도, 전능하지도 않은 사람들이다. 사람들에게 평가받을 수 있는

게 있다면, 우리가 어디나 있다는 편재성(omnipresent, 遍在)일 것이다. 심포지엄이나 모임마다 쉽게 정신의학자를 만날 수 있지 않은가?

우리는 '정신의학에 대해 신성화를 그만두고 인간화를 시작해야 한다'라고 생각한다. 우선 이 강의를 시작하기 위해 명확히 구분해야 할 것들이 있다. 인간에게 있어 무엇이 인간적인 것이고, 무엇이 병리학적인 것일까? 두 가지의 차이를 구분해야 한다.

다시 말하면 한편으로는 정신적·감정적 질병이 무엇인지, 다른 한편으로는 예컨대 인간 존재의 의미 상실에 따른 실존적 절망이 무엇인지 구분하는 것이다. 실존적 절망은 현대문학이 선호하는 주제이다. 프로이트는 "누군가 삶의 가치, 또는 의미에 대해 물으면 병에 걸린 것"이라고 말한 적이 있다.

이 말은 진실이다. 그러나 나는 그 사람이 자신의 인간다움을 그런 방식으로 드러낸 것이라고 생각한다. 삶의 의미에 대한 추구는 인간적인 성취이다. 심지어 그 의미가 쓸모있는지를 묻는 것도 그러하다.

한 작가가 실제로 아픈데, 단순히 신경증이 아니라 정신이상인 경우를 생각해 보자. 그의 작품을 두고 진실성이나 가치에 굳이 이의를 제기해야 할까? '2 × 2 = 4라는 것은 정신병자가 이

---

* 어떤 기관이 그 기능을 아주 잃지는 않고, 약화된 상태의 불완전한 마비를 말한다. - 옮긴이

야기했어도 참이다'. 마찬가지로 부전마비*를 앓은 휄더린(Hoelderin)의 시나, 정신분열증을 보인 니체(Nietzsche) 철학의 가치는 손상되지 않았다. 그들의 시나 글은 아직도 읽히고 있고, 역으로 두 '사례들'의 정신 질환에 대해 책을 낸 정신의학자들의 이름이 오래 전에 잊어졌다.

질병이 있다는 것이 작가의 작품에 흠집을 내지는 않는다. 그러나 긍정적인 영향을 주는 것도 아니다. 정신 질환을 앓은 작가들 중 누구도 그런 질병 때문에 중요한 작품을 창작한 적은 없었다. 다만 그런 질병에도 불구하고 명작을 남긴 경우를 종종 볼 수 있을 뿐이다.

요즘에는 현대문학을 정신의학적인 관점에서 바라보는 것이 유행이다. 특히 작품을 무의식적 정신역학의 산물로 보려는 경향이 있다. 결과적으로, 이른바 심층 심리학은 중요한 과업을 문학적 생산물에 내재되어 있는 숨겨진 동기를 드러내는 것으로 보게 됐다. 여기서 한 서평을 인용하고자 한다. 어느 유명한 프로이트주의 학자가 괴테에 대해 쓴 책이다. 《실존주의 저널》에 발표된 것인데, 현상을 '프로쿠르테스의 침대' procrustean couch처럼 재단한 좋은 예가 될 것이다.

"1538페이지 분량의 책에서 저자는 조울증, 편집증, 간질증적 발작, 동성애, 근친상간, 관음증, 노출증, 성욕도착, 불감증, 자아도취증, 강박신경증, 히스테리, 과대망상증 등의 특징을 가졌던 한 천재의 모습을 우리에게 탁월하게 묘사해 주었다. 저자는 괴테 작품의 저변에 흐르는 본능적이고 역동적인 힘에 우선적으로 초점을 맞춘 것으로 보인다. 우리에게 괴테의 작품이 전성기기(前性器期, pregenital)의 고착(固着, fixation)의 결과에 지나지 않는다는 것을 믿게 한다. 그의 투쟁은 이상, 아름다움, 가치 등을 겨냥한 것이 아니었다. 단지 조루(早漏)라는 당황스런 문제를 극복하기 위한 것이었다."

정신의학자는 가면 벗기기를 진행하다가 진실한 것과 마주치면 멈춰야 한다. 그곳에서 그만두지 않는 것은 의사가 인간의 숨겨진 위대성을 축소하려는 자신의 무의식적 동기를 드러내는 것일 뿐이다.

혹자는 가면을 벗겨내는 과업이 왜 그렇게 독자들에게 매력적인지 의구심을 가질 것이다. 괴테도 누구나처럼 신경증 환자에 지나지 않는 것을 듣고 안도감을 갖게 되는 것일 수도 있다. 어떤 경우 인간이 '털없는 원숭이'에 불과하다는 말을 듣는 것이 좋을 수도 있다. 이드·자아·초자아의 놀이터, 충동과 본능의 장난감, 체스판의 졸, 조건화와 학습과정의 산물, 사회·경제적 상황의 희생자, 정신적 장애와 콤플렉스에 지배받는 원숭이 말이다.

브라이언 굿윈(Brian Goodwin)은 이렇게 지적했다.

"자신이 이것저것 잡다한 것에 지나지 않는다는 사실에 직면하는 것은 사람들에게 좋은 것이다. 좋은 약도 맛은 형편없지 않은가."

일리가 있는 말이다. 자신의 가면이 벗겨진 몇몇 사람들은 적어도 환원주의자들이 전파한 '아무것도 아닌 것에 불과함' 속에서 자기 학대적인 쾌락에 유혹을 느끼고 있는 것이다.

현대문학의 가면을 벗기는 문제로 돌아가 보자. 한 문학 작품의 근본이 정상적이건 비정상적이건, 그것들이 의식적이건 무의식적이건, 창작은 종종 자기 표현의 활동으로 여겨지는 것은 사실이다. 그러나 쓰기는 말하기를 뒤따른다. 말하기는 생각이 뒤따른다. 무언가에 대해 생각해 본 것, 의미하는 것이 없으면 아무런 생각이 없다. 쓰기, 말하기도 마찬가지이다. 그것들 역시 항상 전하고자 하는 의미와 관련이 있다. 그런 메시지가 없으면 언어는 진정한 언어가 아니다. "매체는 메시지이다"the medium is message*라는 말은 전혀 진실이 아니다. 그 반대로 '매체를 진정한 매체로 만드는 것은 오로지 메시지'이다.

언어는 단순한 자기 표현 그 이상의 것이다. 언어는 항상 그 이상의 어떤 것을 가리킨다. 달리 말하면, 언어는 인간 실존이 그

---

* 캐나다 출신의 미디어 학자 마샬 맥루한(Marshal Mcluhan)이 1967년에 동명의 책을 발간, 뉴미디어 시대의 매체 특성을 밝혔다. - 옮긴이

렇듯이 항상 자아 초월적이다. 인간 존재는 의미를 충족시키거나 다른 인간과 조우하려 항상 어떤 것, 어떤 사람, 자신이 아닌 다른 것을 지향하고 있다. 건강한 눈은 그 자신의 모습은 보지 못한다. 그처럼 인간 역시 최상으로 기능하고 있을 때는 자신을 헌신적으로 바치면서 스스로를 잊어버린다. 자신을 잊는 것은 '민감성'을 키우고, 자신에 헌신하는 것은 창조성을 키운다.

인간 실존의 자아 초월성이 지닌 미덕은 의미를 추구하는 존재라는 것이다. 인간은 의미에 대한 의지의 지배를 받는다. 그러나 오늘날 의미에 대한 의지는 꺾여버렸다. 지금껏 가장 많은 환자들이 정신의학자를 찾아 의미 상실감과 공허감, 쓸데없음과 부조리함을 토로하고 있다. 그들은 오늘날의 집단신경증의 희생자들이다.

의미 상실감은 문학가들의 일반적인 관심사와 연관성이 있을지 모른다. 지난 30년간의 평화는 인간에게 생존을 위한 투쟁, 그이상의 것을 생각할 수 있게 해주었다. 이제 우리는 생존을 넘어선 궁극적인 의미가 무엇인지 묻고 있다. 무엇이라도 있다면 말이다. 에른스트 블로흐(Ernst Bloch : 1885~1977, 독일의 철학자)의 말 중에 이런 표현이 있다.

"오늘날 인간들은 과거라면 죽음을 앞두고서야 마주했을 걱정들을 미리 부여받았다."

폭력, 마약 중독과 같은 전 세계적 현상들은 물론 자살률 상승, 특히 대학생층에서의 급등 등은 일종의 증상들이다. 현대문학의 일부도 하나의 증상이다. 현대문학이 스스로를 자기 표현self-expression으로 정의하고 그것에 만족하는 한, 작가들의 쓸데없음과 부조리에 대한 감정은 고스란히 작품에 드러날 것이다. 더욱 중요한 것은 현대문학도 부조리를 만든다는 것이다. 이는 의미가 발견되는 것이지, 발명되는 게 아니라는 사실을 상기하면 잘 이해할 수 있을 것이다. 느낌은 만들어질 수 없다. 만들어진 느낌은 터무니 없는 넌센스이다. 의미 상실감에 사로잡힌 작가는 넌센스와 부조리로 공허함을 채우려고 할 것이다.

그러나 다른 선택이 있다. 현대문학은 오늘날 집단신경증의 또 다른 증상으로 남아 있을 필요가 없다. 하나의 치료법으로 제대로 기여할 수 있다. 삶의 의미 상실로 지옥과 같은 절망을 헤쳐 나온 작가들은 자신들의 시련을 인류의 제단에 제물로 바칠 수 있다. 그들의 자기 폭로self-disclosure는 똑같은 역병에 걸려 고통을 받는 독자들이 그것을 극복할 수 있도록 도울 수 있다.

그 작가는 독자에게 적어도 연대감을 일으킬 수 있다. 그런 증상도 치료법이 된다. 그러나 현대문학이 이런 치료적인 과제를 수행하려면, 즉 치료적인 잠재성을 실현하려면 허무주의가 냉소주의로 전환되는 것을 그만두어야 한다. 작가로서 공인받는 것은 자신의 쓸데없음에 대한 느낌을 독자와 나누는 것이다. 현대문학이 존재의 부조리함을 전도하는데 그치는 것은 무책임한 일이다. 작가가 '독자에게 절망의 병에 대한 면역성'을 줄 수는 없지만, 적어도 '절망의 병을 주입하는 것'을 그만둘 수는 있다.

나는 내일 오스트리아 도서박람회에서 개막 연설을 할 예정이다. 내가 고른 주제는 '치료법으로서의 책'이다. 나는 여기서 '독서를 통한 치료'에 대해 이야기하려고 한다. 책이 독자의 삶을 바꾼 사례를 이야기할 것이다. 또한 책이 자살을 막아 목숨을 구한 이야기도 있다. 죽음을 앞두고 있거나 감옥 생활을 하고 있는 사람들에게도 책이 도움이 된다는 이야기도 들어 있다.

샌프란시스코 근처 산쿠엔틴 형무소에서 가스실의 희생자가 된 애런 미첼에 대해서도 이야기 하려고 한다. 나는 그 형무소 소장의 초청으로 그곳에 간 적이 있다. 강연이 끝나자 한 사람이 남아서 애런 미첼에게 몇 마디를 해줄 수 있는지 물었다. 미첼은 며칠 안에 사형이 집행될 처지였다. 그것은 내가 받아들여야 할 도전 같아서 수락했다. 나는 미첼에게 나치 강제수용소에서 겪은 내 경험을 전해 주었다. 나 역시 가스실의 어두운 그림자 속에 살았던 기억을 말이다.

그때도 그에게 이렇게 말해 주었다. 나는 삶의 무조건적인 의미를 포기하지 않았다. 삶은 의미가 있기 때문이다. 그리고 설령 아주 짧은 삶이더라도 그것의 의미를 담고 있어야 한다. 그렇지 않으면 삶은 정말 의미가 없다. 삶을 몇 년 더 연장하고, 이 의미

없는 일을 영원히 계속한다고 해서 어떤 의미가 되는 것은 아니다. 그리고, "나를 믿어요. 그 동안 의미 없는 삶이었다고 해도, 쓸데없이 허비했다고 해도, 마지막 순간에도 여전히 의미를 부여받을 수 있습니다. 우리가 이 상황과 맞싸우는 방법으로 가능한 것이지요"라고 말해 주었다.

이것을 설명하려고 나는 톨스토이의 소설 《이반 일리치의 죽음》에 들어 있는 이야기를 해주었다. 그 소설은 갑자기 며칠 내에 죽게 된다는 것을 알게 된 60대 남자 이야기이다. 그가 얻은 혜안은 죽음에 대처하는 것뿐만 아니라, 자신의 삶을 허비했고 실제로 의미없었다는 사실과 맞부딪치는 데 있었다. 이를 통해 그는 자신을 극복하고, 자신 이상으로 성장하고, 마침내 삶에 영원한 의미가 넘쳐흐르게 할 수 있었다.

미첼은 사형이 집행되기 직전에 《샌프란시스코 크로니클(Sanfransisco Chronicle)》과 서면 인터뷰를 했다. 그는 거기에서 톨스토이의 메시지가 닿았다는 것을 보여주었다.

이 이야기에서 우리는 어떤 사람도 작가에게서 얼마나 큰 이득을 볼 수 있는지 예감할 수 있다. 삶의 극단적 상황에서도. 작가의 사회적 책임이 얼마나 멀리 미치는지 알 수 있다. 작가가 의사표현의 자유를 부여받았다는 것은 사실이다. 그러나 자유가 전체 이야기의 마지막 단어는 아니다. 자유는 책임과 균형을 맞추지 않으면 독단으로의 퇴보를 위협한다.

스포츠와 현대

8

The Unheard Cry for Meaning: Psychotherapy and Humanism

* 이 논문은 1972년 뮌헨 올림픽대회의 후원을 받아 발표하였다.

스포츠는 현대의 고행

스포츠에 관한 논의는 편견없이, 인간의 현상으로 이야기할 수 있다. 이는 올림픽 '쇼비니즘'으로 퇴보하거나, 또는 '상업주의에 오용'되지 않는 순수한 현상으로 다루겠다는 뜻이다. 하지만 스포츠가 동기이론들이 강조되는 인간 개념에 따라 분석되고 있는 한, 순수 현상으로 접근하는 통로가 차단되어 있음을 상기해야 한다.

　이들 이론에 따르면, 인간은 어떤 욕구들을 갖고 있으며, 그것들을 만족시키려 한다. 궁극적으로는 '긴장 감소'라는 결말에 다다를 뿐이다. 즉, 내적인 균형, 이른바 '생체 내 균형' homeostasis 을 회복하거나 유지하는 것이 목적이다. 생체 내 균형은 생물학에서 빌려온 개념이다. 그러나 그때부터 심리학에서 머물 수 없는 개념이 되어버렸다. 루드비히 폰 베르탈렌파이(Ludwig von Bertalanffy)는 성장과 재생과 같은 원시적인 생물학적 현상들은 생체 내 균형 원칙으로 설명할 수 없다고 증명했다. 커트 골드스타인(Kurt Goldstein)은 병리적으로 기능하는 뇌만이 무조건적으로 긴장을 회피하려는 특성을 갖고 있다고 입증했다.

나의 견해로는 인간은 본질적으로 그런 내적 조건에 관심을 두지 않는다. 항상 어떤 것, 바깥 세상에 있는 어떤 사람들이 관심 대상이다. 그게 사람인 경우 헌신할 명분이 있는 사람, 사랑하는 파트너에게 주목한다. 파트너는 단순히 욕구 충족이라는 목표를 이루는 수단이 아닌 것이다. 인간 존재는 신경증으로 왜곡되지 않는 한, 항상 자신 이외의 대상을 지향하고 관계를 맺는다. 이런 구성적 특성을 나는 '인간 존재의 자아 초월성'이라고 명명했다. 자아 실현은 오로지 자아 초월의 결과로서만 가능하다.*

생체 내 균형 가설에 대비되는 4가지 테제를 소개한다. (1) 인간은 근본적으로 '긴장 감소'에 관심을 두지 않는다. 오히려 인간은 긴장이 필요하다. (2) 그래서 인간은 '긴장을 추구하는' 상태에 있다. (3) 그러나 오늘날 인간은 충분한 긴장을 찾지 않는다. (4) 이것이 인간이 때때로 긴장을 만들어내는 이유이다.

---

* 자아 초월(self-transcendence)의 의미는 종교적 의미의 초월적인 문제와 혼동하지 말아야 한다. '자아 초월'은 인간이 자신을 잊을수록, 자신에 헌신할수록, 더 인간다워진다는 뜻이다.

(1) 인간이 과도 긴장 상태에 있으면 안 된다는 점은 당연하다. 인간에게 필요한 것은 적당한 양, 안전한 양을 복용해야 한다.* 너무 많은 것은 물론, 너무 적어도 도전심의 결여가 질병의 원인이 된다. 이런 관점에서 베르너 슐트(Werner Shulte)는 긴장이 신경 쇠약의 기원은 아니라고 면죄부를 제공했다.

스트레스 개념의 아버지인 셀리(Selye)도 최근에는 "스트레스는 삶의 소금과 같다"고 인정했다. 나는 여기서 한 발 더 나아가, 인간은 특별한 긴장이 필요하다고 주장한다. 한편에는 인간 존재, 다른 한편에는 그가 채워야 할 의미 사이의 긴장을 말한다. 사실 한 개인이 완결해야 할 일에 도전심이 없다면, 그래서 그런 일이 야기하는 특별한 긴장을 '아끼면', 신경증 증세가 일어난다.

(2) 따라서 인간은 긴장 추구 상태에 그대로 머물러 있지 않고, 그의 실존에 의미를 줄 수 있는 일의 완성을 추구하게 된다. 최근 몇 년간의 연구 결과가 보여주듯이, 인간은 기본적으로 '의미에 대한 의지'에 의해 동기화된다.

(3) 그러나 요즘 많은 사람들은 더 이상 그런 의미와 목적을 추구하지 않는다. 지그문트 프로이트의 연구 결과와는 반대로, 인

---

* 인간 존재의 특징은 자아 초월성은 물론, 자기 이탈(self-detachment)의 능력을 갖고 있다. 일상의 실제 상태와 이상적 사이에 있는 거리가 인간에게 고유한 것이라는 점을 인식해야 한다. 실험적 연구들은 자아와 이상적 자아 사이에 긴장이 너무 적으면 과도한 긴장보다 더 정신건강에 유해하다는 사실을 보여준다.

간은 성적 좌절을 가장 먼저 겪는 것이 아니다. 그보다는 '실존적 좌절'을 먼저 겪는다. 그리고 알프레드 아들러의 주장과는 달리 인간의 주된 불만은 더 이상 열등감이 아니다. 무상함, 의미 상실, 공허함이 그 자리를 대신했다. '실존적 공허'의 주된 증상은 권태 boredom이다.*

오늘날 우리는 그런 권태의 극점에 와 있다. 풍족한 사회는 구석구석까지 생계 수단을 제공했지만, 사람들은 살아가는 의미와 목적을 보지 못하고 있다. 이와 함께 우리는 여가사회에 살고 있다. 여태껏 가장 많은 여가시간을 보내고 있지만, 그렇게 시간을 소비하는 의미를 갖지 못했다.

이런 현상들은 인간이 욕심과 긴장 없이 지내면서, 그것들을 견뎌낼 능력도 잃어버리는 지경에 이르렀다는 결론을 가능케 한다. 더 중요한 것은, 인간이 극기(克己)할 줄 모르게 된다는 것이다. 하지만 횔덜린의 언명처럼, 위험이 도사린 곳에는 구원도 가까이 있다. 풍요로운 사회가 전혀 긴장을 주지 않는다면, 인간이 만들어내야 한다.

(4) 인간은 풍족한 사회에서 미미했던 긴장을 인위적으로 만들어낸다. 자신의 요구를 해결하려 스스로 긴장을 불어넣는다. 일

---

* 교육에는 억압적 시기도 있고, 반대로 허용 방식의 시기도 있다. 현재 가장 극단적인 허용적 방식은 쇠퇴기에 접어든 것으로 보인다.

의미를 향한 소리없는 절규

시적이지만 자발적으로 자신을 긴장 상황에 노출시킨다. 이것이 바로 스포츠가 해내는 기능이다.

스포츠는 인간에게 긴급 상황을 설정하도록 해준다. 자신에게 요구하는 것은 불요불급한 성취, 그리고 희생이다. 풍요로움의 바다 한가운데 고행의 섬이 등장하는 것이다! 사실 나는 스포츠를 현대적인 세속적 고행이라고 생각한다.

그렇다면 불요불급한 성취란 무엇인가? 우리는 걸을 필요가 없는, 차를 타면 그만인 시대에 살고 있다. 계단을 오를 필요 없이 엘리베이터를 이용하면 된다. 바로 이런 상황에서 사람들이 갑자기 산에 오른다! '털없는 원숭이'에게는 더 이상 나무에 오르고 싶은 욕구는 없다. 그래서 그는 기를 쓰고 자발적으로 등산을 하고 절벽을 탄다! 올림픽 경기에는 등산이란 종목이 없지만, 암벽등반이란 레저스포츠에 초점을 맞춰 보자.

사람들은 암벽등반에서 일부러 필요성을 만들어낸다. 그것은 문명발달의 결과로 접어두었던 것이다. 그러나 이 해석은 '난이도 3' 정도의 암벽등반에만 해당되는 설명이다. 어떤 원숭이도 '난이도 3'을 넘는 등반을 해본 적이 없다. 그러나 '난이도 6'을 가정해 보자. 이것의 기술적 정의는 '인간 가능성의 궁극적 한계에 가깝다'는 뜻이다. 이른바 '극한' 암벽등반가는 (일부러) '필요성'을 능가한다는 의미이다. 그는 인간 가능성의 궁극적 한계가 어디인지 궁금하다. 그리고 그는 알아내고 싶어한다. 그러나 그 한계는 없다는 것을 알게 된다. 끊임없이 다가가도 늘 앞에 있어 잡을 수 없는 수평선과 같은 것이다.

스포츠에 대한 해석들은 많다. 그러나 어디에도 인간성의 현상으로 분석한 것은 없다. 기존 분석들은 세속적 고행으로서의 기능을 간과했을 뿐만 아니라, 구식이 되어버린 동기이론에 기초한 것들이다. 동기이론은 인간 세상이 내적인 긴장을 줄이려 공격적인 충동을 포함한 동기와 본능을 충족시키는 수단으로 기능한다고 본다. 그러나 이런 폐쇄체계의 개념과는 반대로 인간은 의미 충족, 조우할 다른 사람에 이르려 한다. 이것들은 인간의 공격적이고 성적인 동기와 본능을 위해 살아가는 목적에 단순한 수단, 그 이상의 의미가 있다.

하지만 캐롤라인 우드 쉐리프(Carolyn Wood Sherif)는 그런 삶의 대안, 즉 승화시킬 가능성에 대해 환상을 갖지 말라고 경고한다. 그 환상은 인간에 대한 폐쇄개념이 지닌 특성인데, 공격성은 스포츠처럼 무해한 활동의 분출구로 해소할 수 있다는 것이다. 쉐리프는 "그와 반대로 공격적 행동을 실행하게 되면, 공격성 감소와는 거리가 멀 뿐더러, 공격적 반응의 빈도를 증가시키는 최상의 방법일 뿐이라는 실험적 증거들이 많다"고 단언했다.

실존적 공허 상태에서는 성적 리비도뿐만 아니라 파괴적 에너지destrudo 역시 증가한다. 로버트 제이 리프턴(Robert Jay Lifton)도 내 의견과 같은 견해를 보여주었다.

"사람들은 의미 상실감에 굴복 당했다고 생각하면 당장 죽으려는 경향이 짙다."

통계적 조사들도 이를 입증한다.

스포츠에 대한 내 이론이 이제 실제 스포츠에 어떻게 적용할 수 있는지를 살펴보자. 앞서서 인간은 자신의 가능성에 한계를 설정하는데 호기심이 많다고 언급했다. 그러나 인간은 그것에 접근함으로써 한계를 더 멀리 밀고 간다. 수평선처럼 말이다.

스포츠에서도 인간은 실제로 '자신과 경쟁한다', 자신이 '라이벌'이다. 적어도 그래야 한다. 이는 도덕규범이 아니라, 사실적 진술이다. 사람들이 다른 사람을 상대로 경쟁하고 승리하려고 할수록, 자신들의 잠재성을 실현하기는 힘들어지기 때문이다. 마찬가지로 사람들이 상대방과의 경쟁이나 승리에 연연하지 않고 최선을 다하는데 집중할수록, 더 빨리, 더 쉽게 그 노력들이 성공의 왕관을 쓰게 된다. 느낌들 중에는 직접적인 의도성을 기피하는 것들이 있다. 그것들은 오로지 다른 것을 의도하다가 부수효과로 얻어질 수 있다. 직접 겨냥하면, 그 목표들은 사라져버린다. 성적 만족이 그런 예이다. 노력한다고 그게 성취되지는 않는다.

스포츠에서도 유사한 사례가 적용된다. 최선을 다하려 한다면, 승리가 찾아올 가능성이 높다. 역으로 이기려 한다면, 패하기 쉽다. 그때는 이완되어 있지 않고 긴장하게 된다. 일로나 구센바우어(Ilona Gusenbauer : 1972년 뮌헨 올림픽 전까지 높이뛰기 세계

기록 보유자)는 최근에 한 인터뷰에서 "나 자신에게는 다른 사람을 반드시 이겨야 한다고 다짐하지 말아야 한다"고 했다.

다른 예를 들어보자. 오스트리아 축구대표팀은 경기 전반까지 헝가리에 0 : 2로 지고 있었다. 오스트리아 국민들은 감독의 말처럼, "우울하고, 절망하고, 비관적"이었다. 그러나 후반에는 강한 정신력으로 경기력을 회복했다. 쉬는 시간에 무슨 일이 있었길래 그런가? 헤어 스타츠니(Herr Stastny) 감독은 선수들에게 "아직도 기회가 있다. 그러나 져도 최선을 다했다면 너희들을 야단치지는 않겠다"고 말해 주었다. 그 결과는 놀라웠다. 2 : 2였다.

스포츠에서 최선의 동기부여는 결과를 극대화하기 위해 선수에게 다른 선수가 아닌 자신과 경쟁하라고 주문하는 것이다. 이는 '의도과잉' hyperintention의 원리와 유사하다.

로고테라피에서는 의도과잉에 대해 어떤 것을 의도와 태도 모두의 과녁으로 삼는 신경증적 습관이라고 표현한다. 역설적인 의도는 로고테라피적인 기술로 의도과잉을 상대하려 고안된 것이다. 그것은 신경증 치료에 성공적으로 활용되었다. 미국 야구팀 감독 로버트 코제프(Robert L. Korzep)는 그것이 스포츠에 적용될 수 있음을 입증했다. 캘리포니아 샌디에고의 U. S. 인터내셔널 대학 로고테라피 연구소에서 그는 자신의 경험을 적절하게 전해 주었다.

"나는 운동경기 감독이고 팀의 승패에 대한 정신적 태도와 영향에 대해 많은 관심을 갖고 있다. 로고테라피는 운동에서 일어날 수 있는 상황에 적용하고 활용할 수 있다는 것이 내 견해이다. 압박적인 상황, 경기전 불안감, 슬럼프와 싸우기, 자신감 결여, 희생과 헌신 등 운동의 문제들이 다루어질 수 있다. 나의 감독 경험으로 볼 때, 스포츠에서 흔히 일어나는 사고들은 개인과 집단 행동 모두 관련된 것으로 로고테라피로 치료가 가능했던 것들이다. 나는 특히 의도에 대한 로고테라피적인 개념이 운동에 많은 가능성을 열어 주었다."

수영 코치인 워렌 제프리 바이어스(Warren Jeffrey Byers)도 〈수영 경기에 로고테라피를 적용한 몇 가지 경험〉이라는 제목으로 논문을 썼다.

"로고테라피는 실질적인 지도체계에 적용됐다. 모든 코치들은 긴장을 경기력의 적으로 알고 있다. 긴장의 근본적인 원인은 '승리에 대해 과도하게 걱정하는' 것, 혹은 '의도과잉'이다. 선수는 옆 레인의 선수를 누르는 데 관심을 둘 수 있다. 승리하려는 의도가 넘쳐흐르면 경기력이 약해진다. 선수가 의도과잉 상태라면 자신이 감지한 경쟁자의 속도에 앞서가려고 한다. 그 선수는 경기가 어떻게 진행되고 있는지를 간과하게 된다. 학생들에게 이 문제에 대해 가르칠 때, 나는 자신만의 경주를 하라고 강조한다. 또한 역설적 의도의 방식을 활용했다. 의도과잉에는 또 다른 부정적 결과가 있다. 수영 경기 전에 극도로 신경질적이고 불안한 상태가 되는 학생들이 있다. 그들은 경기 전날 밤잠을 설치는 경우가 많다. 그들을 진정시키는 것이 급선무이다. 나는 '방관' dereflection 기법을 사용한다. 선수들이 승리가 아니라 자신만의 경기를 하는데 초점을 맞추도록 노력한다. 선수들은 스스로 '자신만의 최고 라이벌'이 되고자 할 때 최고의 기량을 보인다. 이것들이 내가 로고테라피를 수영경기의 세계에 적용한 몇 가지 방법이다. 로고테라피는 강력한 지도 방법이 될 수 있다고 확신한다. 불행하게도 많은 코치들이 로고테라피에 대해 잘 모르고 있다. 그 이름이 수영 잡지 등을 통해 많이 알려지면 로고테라피의 활용도는 급히 확산될 것이 틀림없다."

한때 유럽 챔피언이었던 운동선수의 이야기를 들어 보자.

"나는 몇 년간 진 적이 없었다. 나중에는 국가대표로 뽑혔다. 그때부터 압박감을 느꼈다. '나는 이겨야 한다.' 모든 국민들이 기대하고 있다. 경기가 있기 전에는 모두 끔찍했다."

의도과잉은 동료의식을 대가로 치르게 한다.

"이 친구들은 항상 최고의 친구이다. 경기할 때는 예외이다. 그때는 서로 미워한다."

이들 사례와 비교하기 위해 낙하산 경기의 우승자인 킴 아담스(E. Kim Adams)의 이야기를 전한다.

"진정한 선수는 오로지 자신과 경쟁한다. 현재 낙하산 경기에서 절대적인 세계 챔피언은 클레이 쇼에플이다. 나와 함께 성장한 친구이다. 지난번 대회에서 왜 미국이 소련을 이겼는지 이유를 분석하는데, 그가 명쾌하게 답했다. 그들이 승리하러 왔기 때문이라고 했다. 클레이는 다만 자신과 경기할 뿐이다."

그리고 승자는 바로 그였다.

9

덧없음과 유한성

The Unheard
Cry for Meaning:
Psychotherapy
and Humanism

* 1947년 2월 19일 티롤의 인스부르크 대학에서 논문 〈신경증과 의미에 대한 추구 (Neurosis and Quest for Meaning)〉를 바탕으로 발표했다.

존재론적인 에세이

우리는 삶의 무상함과 마주치면서 이렇게 말할 수 있다. 미래는 아직 존재하지 않은 것이다. 과거도 더 이상 존재하지 않는다. 실제로 존재하는 것은 현재뿐이다. 혹은 이렇게 얘기할지도 모른다. 미래는 아무것도 아니다. 과거도 아무것도 아니다. 인간은 무(無, nothingness)에서 생겨난 존재이다. 존재 속으로 '던져진' 것이다. 그리고 무의 위협을 받고 있다. 그러면 인간 존재의 본질적인 무상함의 관점에서, 인간은 어떻게 삶의 의미를 찾을 수 있을까?

실존주의 철학은 인간이 그럴 수 있다고 단언한다. 이 철학에서 '비극적 영웅주의'로 불리는 것이 삶의 무상함에도 불구하고 긍정적인 대답을 해줄 가능성이다. 실존주의는 현재에 강조점을 둔다. 하지만 현재도 무상할 수 있다.

플라톤과 성 아우구스티누스의 전통을 따른 정적(靜寂)주의(quietism - 17세기의 신비주의적 종교 운동)에서는 그 반대의 얘기를 한다. 현재가 아니라 내세가 진정한 진리라고 한다. 내세가 의미하는 것은 현재, 과거, 미래를 망라하는 동시적인 세계이다. 달리 말하면, 그들이 부정한 것은 과거의 실재도, 미래의 실재도 아니라 그와 같은 시간의 실재이다.

내세는 영원하고, 완고하며, 미리 결정된 4차원의 세계처럼 보인다. 정숙주의에 따르면, 시간은 상상의 것이다. 그리고 과거, 현재, 미래는 단지 우리 의식의 환영들이다. 모든 것은 동시에 존재한다. 사건들은 일시적인 연속성 속에서 각기 연관성이 없다. 일시적 연속성에서 나타나는 것은 '사건들', 즉 변하지 않은 실재의 개별적 모습에 따라 미끄러지듯 활주하는 의식이 만들어내는 자기 기만self-deception뿐이다. 그 개별적 모습들은 서로 연관되어 있지 않지만 실제로 공존하고 있다.

정숙주의는 필연적으로 숙명주의로 흐른다. 모든 것이 이미 '있다'면, 아무것도 바뀔 수 없고, 행동에도 의미가 없다. 이 숙명주의는 불변하는 존재에 대한 믿음에서 나온 것으로, 실존주의의 비관론과 대립된다. 비관론은 모든 것이 고정되어 있지 않고 변한다는 믿음에서 나온 것이다.

로고테라피는 정숙주의와 실존주의의 중간 정도에 위치한다.

이는 모래시계에 비유하면 가장 잘 설명될 수 있다. 모래시계의 윗부분은 미래를 나타낸다. 미래는 항상 다가오는 것이다. 현재를 여는 좁은 통로를 통과할 윗부분의 모래와 같다. 그리고 모래시계의 아랫부분은 과거를 나타낸다. 좁은 통로를 이미 통과한 모래인 것이다. 이때 실존주의는 현재의 좁은 통로만 본다. 윗부분과 아랫부분, 미래와 과거는 무시한다. 반면에 정숙주의는 모래시계를 전체성 속에서 바라본다. 다만 모래를 비활동적인 덩어리로 본다. '흐르지' 않고 단순히 '있는 것'이다.

로고테라피는 미래가 실제로 '있지 않은 것'이고, 과거가 진정 실재한다고 주장한다. 이 위치는 또한 모래시계에 대한 직유법으로 설명할 수 있다. 모든 직유법이 그러하듯, 이 설명도 불완전하다. 그러나 시간의 본질이 보여질 수 있다는 것은 그 결함을 통해 명확해진다.

모래시계는 윗부분이 비워지면 뒤집어 놓는다. 그러나 시간은 그렇게 할 수 없다. 시간은 거스를 수 없는 것이다. 또 다른 차이가 있다. 우리는 모래시계를 흔들어 모래가루들을 혼합할 수 있다. 서로의 관계에 따라 위치를 바꾸는 것이다. 이렇게 우리가 시간으로 할 수 있는 것은 단지 부분적이다.

우리는 '흔들어' 미래를 바꿀 수 있다. 미래를 활용하거나, 미래 안에서, 우리 자신을 바꿀 수 있는 것이다. 그러나 과거는 고정되어 있다. 모래시계로 보면, 과거는 모래가 현재라는 좁은 통로를 통과한 이상 굳어진 것과 같다. 마치 고착제로 처리한 것처럼 보존적이다. 사실 모든 것은 과거에 저장되고 있다. 그리고 그 안에서 영원히 보존된다.

로고테라피는 부인할 수 없는 삶의 무상함에 대해, 이것이 의미를 채울 수 있는 유일한 가능성에 적용된다고 주장한다. 만들고, 경험하고, 의미있게 감내할 수 있는 기회인 것이다. 그런 가능성들이 실현되기만 하면, 삶은 더 이상 무상하지 않게 된다. 그 가능성들은 지나가고, 과거가 된다. 가능성들은 과거의 한 부분으로서 여전히 존재하는 것이다. 그 무엇도 지나간 그것들을 바꿀 수는 없다. 원상태로 되돌릴 수 있는 것도 없다. 한 가능성이 현실화되면 '한번이자 전부' 완결된 것이다.

로고테라피는 '과거에 대한 낙관주의'를 실존주의가 창안한 '현재에 대한 비관주의'와 대립시킨다. 두 학파의 차이를 다음과 같이 비유할 수 있다.

"비관주의자는 매일 한 장씩 뜯어내는 벽에 걸린 달력이 나날이 얇아지는데 두려움과 슬픔으로 보는 사람과 닮았다. 반면에 삶의 문제에 적극적으로 맞부딪치는 사람은 달력에서 성공적인 잎들을 떼어내곤, 뒷면에 일기를 몇 자 적어 앞의 것들과 따로 깨끗하게 철해두는 사람과 닮았다. 그는 메모들 속에 적어둔 풍성함에, 이미 지나온 삶들을 마음껏 살았다는데 자부심과 기쁨을 느낄 것이다. 그렇게만 된다면 그가 늙어가고 있음을 안다한들 무슨 문제가 되겠는가? 그가 젊은이들을 부러워할, 혹은 자신의 잃어버린 젊은 날을 그리워할 이유가 있을까? 그렇지 않다. 그 사람은 이렇게 생각할 것이다. '나는 가능성 대신에 과거 속에 실체를 갖고 있다. 내가 일하여 이루어낸 실체와 사랑하는 사람뿐만 아니라, 용감하게 감내했던 고통들도 있다. 이런 고통들은 부러움을 자아낼 수는 없는 것이지만, 내가 가장 자부심을 느끼는 것이다.'

로고테라피는 '그래 왔다' 는 것은 여전히 존재의 형식, 아마 가장 안정된 형식으로 본다. '과거의 존재' 라는 문장에서는 ' 존재'에 방점을 찍는다. 마르틴 하이데거는 처음 빈에 왔을 때 나의 집으로 찾아와 이런 문제들에 대해 의견을 나눴다. 그는 과거와 현재에 대한 내 생각에 동의하면서, 자기 사진에다 이렇게 자필서명했다.

지나간 것은, 가버렸다.
과거의 것은, 올 것이다.

이제는 로고테라피의 존재론, 특히 시간에 대한 존재론의 실질적인 응용성에 대해 살펴보자.
결혼 후 1년 만에 남편을 잃은 여인이 있다고 가정해 보자.

그녀는 절망적이고 미래의 삶에서 어떤 의미도 찾지 못한다. 그녀가 이제 신혼부부로서의 1년이 자신에게서 앗아갈 수 없다는 것을 깨달았다. 그녀는 말하자면 1년을 과거로 구출한 것이다. 그 무엇도, 누구도 그 보물을 과거에서 제거할 수는 없다. 그녀가 자녀 없이 살아간다고 해도 사랑의 절정기가 과거라는 저장고에 재워져 있는 한, 의미 상실에 이르지는 않을 것이다.[*]

그러나 혹자는 이렇게 물을 수 있다. 이 기억 또한 무상하지 않은가? 예컨대 그 과부가 죽고 나면 누가 그 기억을 살려줄까? 내 대답은 이렇다. 누군가 기억하고 있는지 여부는 상관이 없다. 우리가 여전히 존재하고 있으면, 곁에 있는 어떤 것을 보거나 생각하고 있는지 여부에 상관없이 우리는 존재하는 것이다. 그것을 보거나 생각하는지 여부와 상관없이 그 기억들은 존재하고, 계속 존재할 것이다. 우리의 존재와는 상관없이 존재한다.

우리가 죽었을 때 아무것도 가져가지 못하는 것은 사실이다. 그러나 우리 삶의 전체성, 죽음의 순간에 완료된 삶은 무덤 '밖에' 놓여 있고, 그 무덤의 밖(세상)은 '남아 있다' 그 삶이 과거로 '들어갔음에도' 가 아니라, '들어갔기 때문에' 그렇게 남아 있는 것이다. 우리가 잊어버린 것, 우리의 의식에서 달아난 것들일지라

---

[*] 자손을 갖는 것이 생의 유일한 의미라는 가정은 모순이거니와 스스로를 좌절시키는 것이다. 삶의 그 자체로 의미가 있다면, 단지 자식으로 의미가 만들어지지는 않는다.

도, 세상에서는 지워지지 않는다. 그것들은 과거의 일부분이 되고, 세상의 일부분으로 남는다.

누군가 기억하고 있는 것에서 과거의 것이 무엇인지 구분하는 것은, 자칫 주관적인 오역을 낳을 수 있다. 시간의 존재론은 높은 단계의 추상화를 요구하는 학문이 아니다. 누구라도 소크라테스의 대화법적인 접근만 한다면 쉽게 이해할 수 있다. 이는 환자와 상담할 때 일어난다. 그녀는 삶의 무상함에 대해 걱정을 늘어놓았다. "조만간 끝날 거예요. 아무것도 남지 않겠지요."

나는 그녀에게 삶의 무상함은 그것의 의미 상실에서 오는 게 아니라고 설득할 수 없었다. 그래서 정면으로 물었다. "당신이 존경할 만한 업적을 이룬 남자를 만난 적이 있습니까?" 그녀는 "분명히 있다"고 답했다. "우리 주치의가 얼마나 특별한 사람인지 몰라요. 환자들을 얼마나 잘 돌보는지. 그것을 위해서 사는 것 같아요." 내가 "그가 죽었느냐"고 물었더니, "예"라는 대답이 돌아왔다. "하지만 그의 삶은 의미가 넘쳤지요. 그렇죠?"라고 묻자 "누구라도 삶의 의미가 있다면, 그의 삶도 그렇겠지요"라고 수긍했다. 나는 "하지만 그 충만한 의미가 그의 삶이 끝나는 순간 함께 끝나지 않았나요?"라고 물었다. 그녀는 "아니요"라고 했다. 나는 계속 그녀를 몰아부쳤다. "그리고 환자들 중에 한 명도 당신의 주치의에게 고마워하지 않는다면 어떨까요?" 그녀는 더듬거리며 "의미는 남아 있지요"라고 말했다. "혹여 한 명의 환자도 그것을 기억하지 못하면요?" "남아 있어요." "아니면, 언젠가 그의 마지막 환자까지 죽어버리면?" "남아 있어요…."

또 다른 설명을 위해 어느 환자와의 상담을 녹취한 것을 옮겨 적는다. 그녀는 말기 암환자였다. 그녀도 알고 있었다. 나는 교실에서 그녀와 대화를 이어갔다.

프랭클 : 당신의 삶을 돌아보면 무슨 생각이 듭니까? 살 만한 가치가 있나요?

환자 : 글쎄요, 박사님. 괜찮은 삶을 살았다고 말해야겠군요. 인생이란 정말 멋져요. 그리고 그런 삶을 주신 주님께 감사해야지요. 나는 극장에 가고, 연주회도 가고, 그랬지요. 이거 아세요? 박사님. 제가 몇 십 년간 하녀로 일했던 집의 가족들과 함께 갔어요. 처음에는 프라하, 나중에는 빈이었어요. 그리고 이 멋진 경험들을 하게 축복을 내려주신 주님께 감사드려요.

나는 그럼에도 그녀가 삶의 궁극적인 의미에 대해 회의하고 있다는 것을 느꼈다. 그 회의를 통해 나는 그녀에게 다가가고 싶었다. 그래서 그녀가 회의를 표현하기보다는, 의식 수준에서 삶의 의미를 묻게 했다.

F : 당신은 삶의 멋진 경험에 대해 얘기하고 있군요. 하지만 이 모든 게 지금은 끝나버리겠지요, 그렇지 않은가요?

P : (심각하게) 그래요. 모든 것은 끝나지요⋯.

F : 그래요, 당신 삶의 그 멋진 것들이 모두 지금은 지워져버렸다고 생각하나요?

P : (더 심각하게) 그 모든 멋진 것들이⋯.

F : 하지만 얘기해 보세요. 당신이 가졌던 행복을 누구라도 지워버릴 수 있다고 생각하세요? 누가 그것들을 더럽힐 수 있나요?

P : 아니요, 박사님. 아무도 그럴 수 없어요.

F : 그게 아니면, 당신이 살면서 마주했던 선량함을 누가 더럽힐 수 있나요?

P : (점차 감정이 흔들리면서) 아니요, 아무도 더럽힐 수 없어요!

F : 당신이 이룬 것, 성취한 것들도요?

P : 아무도 그럴 수는 없어요!

F : 당신이 용감하게 가졌던 것, 정직하게 감내했던 것들. 누가 그것들을 이 세상에서 없애버릴 수 있나요? 말하자면 당신의 잘 저장되어 있는 과거에서 그것들을 제거할 수 있느냐 말입니다.

P : (울먹거리며) 아무도 없앨 수 없어요! (잠시 시간이 흐름) 그건 사실이에요. 제가 감당해야 할 고통이 너무 많았어요. 하지만 내가 해야할 것들을 견뎌내는데 확고하게 용기를 내려고 노력했어요. 이거 아세요? 박사님. 내 고통들이 벌 받는 것처럼 여겨져요. 나는 신

을 믿어요.

F : (환자의 입장에 동조되려고 애쓰면서) 하지만 가끔 감내할 수 없는 것도 힘든 일이죠? 신이 당신이 얼마나 견뎌내는지 알고 싶어 했다는 게 있을 법한가요? 그리고 신이 "그래, 그녀는 아주 용감해" 라고 인정했을 거라는 게 말예요. 이제 말해 보세요. 누구라도 그런 업적과 성취를 없앨 수 있나요, 프라우 코덱 씨?

P : 분명히 아무도 할 수 없어요!

F : 그것들은 남아 있지요, 그렇죠?

P : 정말로 그래요!

F : 삶에서 중요한 것은 뭔가를 이루는 것입니다. 그리고 그것은 분명히 당신이 해낸 것입니다. 당신은 고통 속에서 최고의 것을 만들어냈어요. 당신이 시련을 스스로 짊어진 방법은 우리 환자들에게 본보기가 될 것입니다. 그런 성취에 나는 축하를 드립니다. 그리고 그런 사례를 직접 보게 된 다른 환자들에게도 축하를 전합니다. (청중들을 향해) 이분을 보세요(청중들 사이에서 동시에 박수가 터져나왔다). 이 박수는 프라우 코덱 여사에게 보내는 것입니다. (그녀가 이제 울기 시작한다) 위대한 업적은 당신의 삶과 관련되어 있어요. 당신은 자부심을 가져도 됩니다. 자신들의 삶에 자부심을 가질 수 있는 사람이 얼마나 드문지 아세요? 이렇게 말해야겠군요. 당신의 삶은 불후의 작품입니다. 아무도 그것을 세상에서 없애버릴 수 없어요.

P : (마음을 진정한 뒤) 박사님이 해주신 이야기들은 위로가 됐습니다. 나를 편안하게 해주었어요. 사실 이와 같은 말을 들을 기회가 없었어요…. (그녀는 천천히 조용하게 강의실을 떠났다)

1주일 후 그녀는 세상을 떠났다. 그러나 그녀의 삶에서 마지막 주는 더 이상 우울하지 않았다. 신념과 자부심에 가득차 있었다. 그 일이 있기 전에 그녀는 괴로웠고, 자신은 쓸모가 없다는 화증에 시달렸다. 우리의 상담은 그녀에게 자신의 삶이 의미로 가득하고, 그 고통들도 헛되지 않았다는 것을 자각하게 해주었다. 그녀의 마지막 말은 이랬다.

"내 인생은 명작이다. 프랭클 박사가 강의실에 모인 청중들, 학생들 모두에게 그렇게 말해 주었다. 내 삶은 헛되지 않았다…."

모든 게 덧없는 것은 사실이다. 모든 것과 모든 사람이. 말하자면, 우리가 낳은 아이들도, 그 아이들이 준 엄청난 사랑도, 위대한 사상도, 모두가 무상하다. 사람의 인생이 70세, 혹은 운이 좋아 80대에 이르러도 괜찮은 삶이라는 생각이 든다면 고통을 감내할 가치가 있는 것이다. 그 생각이 단 7초 동안 지속되더라도, 괜찮다는 생각이 든다면 그것은 진실이다. 그러나 여전히 더 많이 드는 생각은 자식들과 사랑이 덧없다는 것이다. 그들은 모두 덧없다. 모든 것이 무상하다.

그러나 한편으로 모든 것은 영속적이다. 그것들은 그것 자체를 넘어 영원성이 된다. 그것에 대해 아무것도 할 필요가 없다. 우리가 어떤 것을 일으키기만 하면 영원성이 처리해 줄 것이다. 그러나 우리는 자신이 선택한 것, 영원성으로 들어가기로 결심한 것(자신의 과거에 기록하기로 한 것)에 책임을 져야 한다.

모든 것은 영원한 기록에 쓰여진다. 우리의 전체 삶, 모든 창조물과 행동들, 조우한 사람들과 경험들, 모든 삶과 시련들이 담긴다. 이 모든 것은 영원한 기록에 보존되고 잔존한다. 이 세상은 위대한 철학자 칼 야스퍼스(Karl Jaspers)가 밝힌 바와 같이 해독해야 하는 암호로 쓰여진 원고가 아니다. 세상이 우리가 받아쓰게 한 기록이다.

그 기록은 극적인 특성을 갖고 있다. 매일마다 삶이 우리에게 묻는다. 매일 삶의 심문을 받고, 우리는 대답해야 한다. 인생은 '평생 질의응답 기간'이다. 내 삶에 대해 단지 변명밖에 할 수 없다고 해도 싫증나지는 않는다. '삶에 응답하는 것은 우리의 삶에 책임을 지고 있는' 것이다.

우리의 영원한 기록은 분실되지 않는다. 그것은 안전하고, 하나의 희망이다. 그러나 고칠 수 없다. 그것은 경고장이거니와 생각나게 하는 존재이다. 과거에서 아무것도 제거할 수 없듯이, 그 기록은 우리가 선택한 미래의 가능성들을 과거로 구원하는 것이 자신에게 달려 있다는 것을 상기시켜 준다. 이제 로고테라피는 '과거에 대한 낙관론'(실존주의자들의 '현재에 대한 비관론'과는 반대로)뿐만 아니라, '미래에 대한 행동주의'(정숙주의의 '숙명론'과 반대로)라는 사실을 밝혔다.

모든 것이 과거에 영원히 저장되어 있다면, 그렇기 때문에 현재 우리가 무엇을 과거의 일부로 만들어 영원성을 갖게 할지, 우리가 미래의 무에서 어떤 것을 '과거의 것'으로 옮길지 결정하는 것이 중요하다. 인간의 책임성은 그래서 '미래의 행동주의', 사람이 미래로부터 가능성을 선택하는데, 그리고 '과거에 대한 낙관론'에 의거한다. 이들 가능성들을 현실화하고, 과거라는 천국으로 구원하는 것은 여기에 달려 있다.

이것이 모든 게 덧없는 이유이다. 모든 것은 부유한다. 모든 게 미래의 공허에서 나와 과거의 안전함으로 흘러가기 때문이다. 모든 것은 고대 유물론자들이 '공허의 공포'라고 불렀던 것에 지배당하고 있는 것처럼 여겨진다. 모든 것이 미래에서 과거로 달려가고 있기 때문이다. 미래의 공허에서 과거의 존재로 가기 때문이다. 이것이 모래시계의 '좁은 통로와 현재의 열림'에서 혼잡이 일어나는 이유이다.

그곳에서 모든 것은 전달되기를 기다리며 막히고, 붐비는 것이다. 한 사건이 과거로 지나가고, 혹은 우리의 창작물과 행동이 우리의 과거에 의해 영원성으로 받아들여지고 있는 것이다.

현재는 실재하지 않는 미래와 영원한 실재인 과거 사이에 놓여 있는 경계선이다. 현재는 영원성의 '경계선'이다. 즉 영원성은 한정되어 있다. 그것은 오로지 현재로만 확대된다. 그 경계는 우리가 영원성으로 받아들이기를 바라는 것을 선택하는 현재 순간까지이다. 영원성의 경계선은 우리 삶의 매순간 영원해져야 하는 것과 그렇지 않은 것에 대해 결정하는 것이다.

이제 '시간을 번다'는 말의 의미가 어떤 것을 미래로 연장하는 것으로 이해하는 것이 얼마나 잘못된 것인지 알 수 있다. 그 의미는 우리가 과거에 안전하게 전달하고 저장함으로써 시간을 아낀다는 것이다.

모든 모래가 목을 통과해버려 윗부분이 비어 있을 때, 우리에게 주어진 시간이 모두 흘러가버렸을 때, 우리의 삶이 완결되고 결말이 났을 때는 무슨 일이 일어나는가?

죽음에서 지나온 모든 것은 과거에서 굳어진다. 아무것도 더 이상 바뀌지 않는다. 자신의 뜻에 따라 가질 수 있는 것은 아무것도 없다. 그는 정신물리학적인 자아를 잃었다. 정신도 없고, 육체도 없다. 떠난 것, 그리고 남은 것은 자신, 영적인 자신이다.

많은 사람들은 죽어가는 사람이 순식간에 돌아가는 '영화'를 본다고 믿는다. 이런 비유를 인정한다면, 우리는 죽은 사람은 영화 그 자체가 된다고 말할 수 있을 것이다. 그는 이제 그의 삶 '이다'. 그는 자기 삶의 역사가 되었다. 그 삶이 좋았으면 좋은 대로,

나빴으면 나쁜 대로의 역사가 되었다. 그는 자신만의 천당과 지옥이 된 것이다.

이는 그만의 과거 또는 자신이 선택한 미래가 그의 진정한 미래에 저장될 가능성이라는 역설에 이른다. 살아있는 사람은 과거와 미래를 모두 갖고 있는 것이다. 죽어가는 사람에게는 통상적 의미의 미래는 없다. 과거가 있을 뿐이다. 그러나 죽은 사람이 곧 그의 과거이다. 그는 삶을 갖고 있지 않다. 그가 바로 자신의 삶이다. 그것이 '단지' 그의 '과거' 삶이라는 것은 문제가 되지 않는다. 결국 과거는 가장 안전한 존재 양식이다. 과거는 제거될 수 없는 것이다.

이 과거는 어의대로 '완료된 과거'이다. 그때 삶은 완성되고, 완료된 것이다. 삶의 여정에서 오로지 하나의 '기정사실'^{aits} ^{accomplis}이 모래시계의 목을 지난다. 이제 죽은 후에 전체 삶은 완전히 지나가버릴 것이다.

여기서 두 번째 역설이 나온다. 이는 두 가지 면을 갖고 있다. 먼저 우리가 얘기한대로 인간이 과거로 밀어 넣어 실재하는 어떤 것을 만든다는 것이 사실이라면(그래서 역설적으로 그것을 무상함에서 구원한다면), 자신을 실재하게 만든 것, 즉 자신을 '창조'하는 것도 자신이다. 두 번째, 그는 태어날 때가 아니라, 죽을 때 하나의 실재가 된다. 그는 죽은 순간에 자신을 '창조'한다. 그 자신은 '있는 것'이 아니라, '되는 것'인 셈이다. 그래서 삶이 죽음으로 완결되었을 때 완전한 삶 자체가 되는 것이다.

인간은 살면서 매일 죽음의 의미를 오해한다. 아침에 자명종 소리가 울리고, 꿈에 잔뜩 겁을 먹고 있을 때, 우리는 뭔가 끔찍한 것이 꿈의 세계로 쳐들어온 것 같은 느낌을 경험한다. 그리고 여전히 꿈에 사로잡혀 자명종이 우리의 진짜 존재, 진짜 세상 속의 우리 존재를 깨웠다는 것을 종종 깨닫지 못한다. 마찬가지로, 죽음(자명종)이 현실(꿈)에서 우리의 진정한 존재(과거)를 깨웠다는 사실을 잊어버린다.

사랑스럽게 쓰다듬는 손이 우리를 깨운다고 해도, 그 동작이 부드러워도, 우리는 그 부드러움을 깨닫지 못한다. 다시 말하면, 우리는 단지 꿈의 세계에 대한 침입, 꿈을 끝내려는 시도라고만 경험한다. 마찬가지로 죽음은 무언가 무시무시한 것으로 나타나고, 그것이 얼마나 훌륭한 의미를 지니는지 생각하지 못한다.

10

역설적 의도와 방관

The Unheard
Cry for Meaning:
Psychotherapy
and Humanism

* 〈역설적 의도와 방관〉은 로고테라피(프랭클, 1938, 1955, 1958 : 폴락(polak), 1949 : 바이스코프-조엘슨(Weisskopf-Joelson), 1955)의 체계 내에서 개발된 기법들이다. 로고테라피는 보통 인본주의적 심리학(불러와 앨런(Buhler and Allen, 1972)의 범주로 포섭되거나, 현상학적(스피겔베르그(Spiegelberg), 1972) 또는 실존적 정신의학(알포트(Allport, 1959 : 라이온스(Lyons), 1961 : 페르빈(Pervin), 1960)으로 정의된다. 그러나 로고테라피는 심리요법적인 기법들을 개발하는 데 성공한 하나의 체계라는 것이 여러 학자들의 주장이다(레슬리에(Leslie), 1965 : 카차노프스키(Kaczanowski), 1965 : 트위디(Tweedie), 1961 : 웅게르스마(Ungersma), 1961). 그들이 언급한 기법들은 내가 '역설적 의도' (프랭클, 1947, 1955), '방관' (프랭클, 1947, 1955)이라고 명명한 것들이다.

역설적 의도

역설적 의도는 1929년부터 활용되었으나, 공식적 자료를 출간한 것은 1939년이다. 나중에는 방법론으로 정식화되었고(프랭클, 1953), 로고테라피의 체계로 합체되었다(프랭클, 1956). 그때부터 역설적 의도에 대한 논문들이 늘어가면서 강박신경증obsessive-compulsive과 공포 상태phobic condition에 대한 치료에 효과적인 기법임을 보여주었다.*

역설적 의도가 어떻게 작동되는지 이해하려면 예기 불안의 기제를 시작점으로 잡아야 한다. 어떤 주어진 증상은 환자에게 꼭 일어날 것 같은 공포스런 예상을 불러 일으킨다. 그러나 항상 공포는 정확히 두려워했던 대상에서 야기되는 경향이 있다. 마찬가

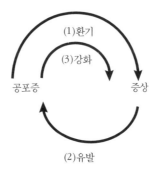

지로, 예기 불안은 환자가 자신에게 일어날 것이라고 과도하게 두려워했던 것에서 유발하기 쉽다. 그래서 완결구조를 가진 악순환이 성립된다. 어떤 증상이 공포증을 유발하고, 그 공포증은 그 증상을 일으키며, 그런 증상의 재발은 공포증을 더욱 심화시킨다.

공포의 대상은 공포 그 자체이다. 환자들은 자주 '불안에 대한 불안'을 언급한다. '공포에 대한 공포'를 자세히 조사해 보면, 환자가 불안 발작이 몰고 올 잠재적인 영향에 대해 갖는 불안이 원인으로 판명된다. 그 환자는 그 영향으로 실신이나 기절, 심장마비, 발작이 일어날까 두려워한다. 그러나 불행하게도 공포에 대한 공포가 공포를 증가시킨 것이다.

* 게르츠, 1962 : 카차노프스키, 1965 : 코쿠렉, 니에바우어, 폴락, 1959 : 레엠브레, 1964 : 메들리코트, 1969 : 뮐러-헤게만, 1963 : 빅터와 크룩, 1967 : 바이스코프-요엘슨, 1968. 대개는 단기 치료로 입증되었다(딜링 外, 1971 : 게르츠, 1966 : 헨켈 外, 1972 : 야콥스, 1972 : 마르크스, 1969, 1972 : 솔리옴 外, 1972).

'공포에 대한 공포'의 전형적인 반응은 '공포 탈출'(flight from fear, 프랭클, 1953)이다. 환자는 자신의 불안이 주로 일어났던 상황을 회피하기 시작한다. 자신의 공포로부터 도피하는 것이다. 이는 불안 신경증anxiety neurosis의 시작이다. "공포증들은 부분적으로 불안이 일어나는 상황을 회피하려고 애쓰기 때문에 발생한다"(프랭클, 1960). 학습이론가와 행동치료사들은 이런 연구 결과를 확신했다. 마르크스(1970)는 "공포증은 회피에 의한 불안감소 메커니즘에 의해 유지된다"고 주장했다. 이에 반하여, "공포증의 발병은 환자가 공포를 갖기 시작한 상황에 직면하게 함으로써 제거될 수 있다"(프랭클, 1969).

'공포에 대한 공포'에 대한 반응으로서 '공포 탈출'은 '공포증 유형'을 구성한다. 로고테라피에서 판별한 세 가지 발병 유형 중에 첫째가 이것이다. 두 번째는 강박신경증 유형이다. 공포증의 사례들은 환자가 '공포에 대한 공포' 증상을 보이는 반면, 강박신경증은 '자신에 대한 공포'를 나타낸다. 자신이 자살, 심지어 살인할지 모른다거나, 또는 위험한 징후가 나타날지 모른다는 이상한 생각에 사로잡히는 경우에 발병한다.

'공포 탈출'이 공포증 유형의 특성인 반면, 강박신경증 유형은 '강박감과 싸우는' 특성을 갖고 있다. 그러나 환자가 강박증과 싸울수록, 증세가 더 심해진다. 압력은 반대 압력을 야기하고, 반대 압력은 차례로 압력을 증가시킨다.* 다시 또 하나의 악순환에

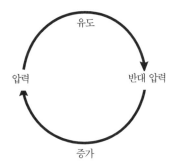

직면하는 것이다.

이 피드백 구도를 어떻게 깰 수 있을까? 그리고 어떻게 환자들의 개인적 공포를 날려버릴 수 있을까? 이는 정확히 역설적 의도로 성취할 수 있는 작업이다. 이 작업은 두 가지 과정으로 정의할 수 있다. '그가 공포를 느끼는 바로 그 것'을 '실행하도록 고무시키는 것'과, 또는 '일어나기를 바라는 것'이다(실행을 고무시키는 것은 강박증에, 일어나기를 바라는 것은 공포증 환자에 적용된다).

우리는 이런 방식으로 공포증 환자가 공포로부터 도피하는 것을 막는다. 그리고 강박증 환자가 강박감과 씨름하는 것을 중단하게 한다. 어떤 방식이든지, 병적인 공포는 이제 역설적 희망(의도)으로 대체된다. 예기 불안의 악순환은 흔들리게 된 것이다.**

---

*이것이 모독적 강박증의 경우에 가장 특징적이다. 이를 치료하는 기법은 내가 1955년에 지은 책을 참고하라.

의미를 향한 소리없는 절규

여기서는 출간되지 않은 사례 자료를 인용하고자 한다. 한 독자로부터 예기치 않게 받은 편지이다.

나는 어제 시험을 치러야 했어요. 그런데 시험 시각을 30분 앞두고 내가 말 그대로 공포에 얼어붙었다는 것을 알게 됐어요. 강의 노트를 보자, 머리 속이 텅 비어버린 느낌이었지요. 내가 공부했던 것들이 완전히 낯선 것으로 보였고, 제 정신이 아니었어요.
"내가 '아무것도' 기억하지 못한다! 이 시험에 낙제할거야!" 내 공포심은 시각이 갈수록 커졌어요. 내 노트들은 더욱 더 낯선 것이 되고, 땀이 났어요. 공포심도 매순간 생겨났어요. 그 노트들을 다시 훑었어요. 시험 시각 5분 전, 시험을 치르는 동안 계속 이렇다면 분명히 낙제할 것이라는 생각이 들었어요.
그때 역설적 의도라는 말이 떠올랐어요. 내 자신에게 이렇게 말했지요. "어쨌든지 나는 낙제할거야. '낙제에 최선을 다하는 것'이 낫겠지! 교수님에게 한참 형편없는 답안지를 보여줄거야. 이 답안지를 보면 교수님은 며칠 동안 혼란스럽겠지! 문제와는 전혀 상관없는 완전히 쓰레기 같은 답안을 써야지. 진정한 낙제라는 게 무엇인지 보여줄 거야. 아마 그가 채점해 온 답안 중에 최악이 되겠지!"

** 이를 설명하는 사례 자료로 적당한 것은 다음과 같다. 프랭클 1955, 1962 , 1967, 1969 : 게르츠, 1962, 1966 : 제이콥스, 1972 : 카차노프스키, 1965 : 메들리코트, 1969 : 솔리움 外, 1972 : 빅터와 크룩, 1967 : 바이스코프-요엘슨, 1968 등이다.

이런 마음을 먹으니 실제 시험 시각이 다가왔을 때는 킥킥 웃음이 나왔답니다.

믿거나 말거나, 시험 문제들이 완벽하게 이해됐어요. 이상하게 여겨질 정도로 평온한 마음을 갖게 됐지요. 실제는 유쾌한 기분도 들었어요. 그 시험에서 A학점을 받았어요.

추신 : 역설적 의도는 내 딸꾹질도 고쳐 주었어요. 계속 딸꾹질을 하려고 애쓰면 멈춰진답니다.

다음의 편지 발췌문도 또 다른 설명이 될 것이다.

나는 40대인데, 10년 동안 신경증을 앓고 있습니다. 그간 정신의학적인 도움을 받으려 했는데 소용이 없었어요(18개월 동안 치료를 받았습니다). 1968년 박사님의 강의를 들은 적이 있는데, 당시 한 남자가 박사님에게 비행공포증을 어떻게 치료해야 하는지를 묻더군요. 나 역시 그 증상을 갖고 있었기 때문에 귀담아 들었지요. 추측컨대 '역설적 의도' 기법으로, 박사님은 그에게 비행기를 폭발시키고 추락시켜 버린 뒤, 그 안의 참혹한 자신의 모습을 보라고 얘기하시더군요. 그 후 한 달도 되지 않아 2,500마일의 거리를 비행기로 이동해야 했지요. 여느 때처럼 잔뜩 겁을 먹었어요. 손에는 땀이 나고 가슴이 쿵쿵거렸어요. 그때 그 남자에게 해주신 처방이 생각났어요. 그래서 비행기가 폭발하는 상상을 했지요. 내가 구름을 뚫고 땅으로 추락하는 겁니다. 그런 환상이 채 끝나기도 전에 깨달았지요. 내가 갑자기 도착한 뒤에 체결해야 할 계약 건을 아주 침착하게 생각하고 있었던 것입니다. 그런 상상을 몇 번이나 한 뒤에 땅에 내릴 수 있었어요. 비행기가 착륙할 때쯤에는 침착해져서 독수리처럼 세상 풍경을 감상할 수 있을 정도가 되었습니다.

나는 훈련받은 것이나 치료받은 것이 프로이트 방식이었기 때문에, 역설적 의도를 썩 믿지 않았어요. 그러나 지금은 병인학적인 수단보다 심화된 치료 수단이 있다는 확신을 갖게 됐어요. 기본적으로 인간적인, 그리고 역설적 의도로 드러낼 수 있는 수단 말입니다.

다음의 사례는 본질적으로 공포증이 아니라 강박증에 관한 것이다. 심리상담가인 대럴 버네트가 보고한 것이다.

한 남자가 지역 정신 건강 센터를 찾아와 밤마다 잠자리에 들기 전에 현관문을 점검하는 강박증을 호소했다. 그는 2분이란 짧은 시간에 10번이나 문을 확인한다고 했다. 그는 자신의 얘기를 드러내놓고 해도 소용이 없었다. 나는 그에게 2분 안에 문이 잠긴 것을 몇 번이나 확인할 수 있는지 시도해 보라고 얘기했다. 신기록을 내보라고 거들었다. 그는 처음에는 바보같은 짓이라고 생각했으나, 3일이 지나자 그 강박증은 사라졌다.

이번 사례는 레리 라미네즈가 전해준 것이다.

상담기간 중에 가장 많이, 가장 효과적으로 도움을 주는 기법은 역설적 의도이다. 19세의 매력적인 여대생 린다 T는 상담 예약서에 집에서 부모와 문제가 있다고 적어 놓았다. 그녀와 마주앉아 얘기를 해보니 매우 긴장되어 있는 게 분명했다. 말을 더듬었다. 나의 본능적 반응이라면, "진정하세요. 괜찮아요"라거나, "마음을 편히 가지세요"라고 말했을 것이다.

그러나 과거 경험에 비춰, 그녀에게 진정하라고 주문하면 더욱 긴장하게 만든다는 것을 알고 있었다. 나는 그 반대로 반응했다. "린다, 네 마음대로 더 긴장해도 돼. 마음껏 신경질을 부려봐." 고개를 끄덕인 그녀는 "신경질적이 되는 것은 쉬워요"라고 대답했다. 그녀는 두 주목을 꽉 끼더니 전율하듯이 흔들었다. 나는 "좋아, 더 심하게 해도 된다"고 말해 주었다. 그 상황이 우스꽝스럽다는 것이 점차 명확해졌다. 그녀는 "정말 예전에는 신경질이었는데, 지금은 더 이상 안 돼요. 이상한 일이지만, 긴장하려고 할수록 더 못하겠어요"라고 말했다.

이를 되새겨 보면, 린다가 새로운 깨달음을 얻게 해준 것은 역설적 의도에서 생겨난 유머였던 게 분명합니다. 린다는 그 순간 자신이 피상담인이기 이전에 인간이라는 점을 처음 느꼈어요. 나 역시 상담자이기 전에 한 인간이라는 것을 처음 느꼈지요. 유머는 우리의 인간성을 가장 잘 설명해 주는 것 같아요.

다음에 인용한 사례에서는 역설적 의도를 활용하는데 유머의 역할이 더 분명하다. 모하메드 사디크의 논문에서 발췌했다.

N이라는 여성은 48세로 히스테리 진단을 받았다. 그녀는 커피 잔을 흘리지 않고 붙잡을 수 없는 정도로 손을 떨었다. 글을 쓸 수도, 책을 읽을 수 있을 만큼 제대로 잡지도 못했다. 어느 날 아침 병실에서 나온 그녀는 나와 탁자를 사이에 두고 건너편에 앉자마자 몸을 떨고 흔들기 시작했다. 주변에는 다른 환자들이 없었다. 그래서 나는 아주 유머스런 방법으로 역설적 의도를 사용해 보기로 했다.

치료사 : N, 나와 흔들기 시합을 해보면 어떨까?
N : (놀란 듯이) 뭐요?
치료사 : 누가 더 오래 떨고 흔드는지 해보자는 말이야.
N : 당신도 이렇게 흔드는 것 때문에 힘드나요?
치료사 : 아니요. 그런 것으로 힘들지는 않아요. 하지만 나는 원하기만 하면 떨 수 있어요. (나는 떨기 시작했다)
N : 이야, 당신이 더 빨라요.
(그녀는 더 속도를 내면서 설핏 웃었다)
치료사 : 더 빨리 해요, 어서요.

N : 안 되겠어요. (그녀는 지쳐갔다) 그만해요. 더 이상 못하겠어요. (그녀는 일어나서 스스로 커피 한 잔을 가져왔다. 한번도 흘리지 않고 그 커피를 다 마셨다)
치료사 : 재미있었지요, 그렇죠?

그 후로 그녀가 떠는 것을 볼 때마다 나는 "N! 이리 와봐요. 시합합시다"라고 제안하고, 그녀는 "그래요. 그게 확실히 효과가 있어요"라는 반응을 보인다.

역설적 의도를 실행하는 데 있어, 라미네즈와 사디크가 했던 것처럼 인간만이 갖고 있는 유머 능력을 발휘하게 하고 활용하는 것은 기본적인 사항이다. 라자러스(Lazarus, 1971)는 "프랭클의 역설적 의도 절차는 고의적인 유머 유발이다. 발한(發汗) 증세를 두려워하는 환자는 청중들에게 땀을 흘리는 것이 진짜 어떤 것인지 보여주는 것을 즐길 수도 있다. 억수같이 쏟아지는 땀에 흠뻑 젖는 것을 뽐내듯이 말이다."

레스킨과 클라인(1976)은 이런 질문을 던졌다. "재치로 그런 것을 허용하는 것보다 병을 최소화할 수 있는 방법이 없을까?" 그러나 이런 유머 감각은 인간만이 소유하고 있는 것임을 상기해야 한다. 인간을 제외한 다른 동물들은 웃을 수 있는 능력이 없다. 특히 유머는 로고테라피에서 자기 이탈로 불리는 특별한 인간적 능력을 입증하는 것으로 인식해야 한다(프랭클, 1966).

로렌츠(1966)가 말한 것처럼, "아직까지 우리는 유머를 충분히 진지하게 취급하지 않고 있다"고 후회하는 것을 더 이상 용인할 수 없다. 로고테라피는 1929년부터 그렇게 해왔다고 감히 말할 수 있다. 이런 맥락에서 최근에 행동주의 치료사들이 유머의 중요성을 인정하기에 이른 것은 매우 주목할 만한 것이다.

핸드(Hand, 1974) 등은 만성 광장공포증 agoraphobia을 가진 환자들이 효과적으로 집단 노출하도록 했다.

"집단적으로 사용된 인상적인 대처기제는 바로 유머라는 점이 관찰됐다. 이는 지속적으로 사용됐고, 여러 번 힘든 상황을 극복하는 데 도움을 주었다. 전체 집단이 두려움을 느꼈을 때, 누군가 유머로 냉냉함을 깨고, 이는 웃음이 주는 안도감을 가져왔다."

로고테라피가 가르친 대로, 자아 이탈은 자아 초월과(프랭클, 1959)와 함께 본질적으로, 그리고 절대적인 인간의 현상이다. 모든 환원주의자들이 이를 추적하다가 잠재적 현상(아직 발현되지 않은)으로 결론지었던 것이기도 하다. 인간은 자아 이탈의 특성 덕분에 자신에 대해 농담하고 웃을 수 있으며, 공포심을 비웃을 수 있다. 자아 초월이라는 특성 덕분에 인간은 자신을 잊을 수 있고, 자신에 헌신할 수 있으며, 자기 존재의 의미를 추구할 수 있는 것이다. 확언컨대, 그래서 인간은 의미를 추구하는데 좌절하기 쉽지만, 이 또한 인간이라는 수준에서 이해할 수 있는 것이다. 인간에 대해 고든 알포트(1960)가 명명한 '기계적 모델', 혹은 '쥐 모델'에 집착한 정신의학적 접근법은 활용할 수 있는 자산을 날려버리는 것이다. 어떤 컴퓨터도 스스로 웃는 능력은 없다. 쥐 역시 스스로 삶의 의미가 있는지 캐물을 수 없다.

이런 비판은 학습이론의 개념들과 행동주의 치료법이 지닌 중요성을 부인하는 것은 아니다. 로고테라피를 행동주의 치료법과 비교함으로써 또 다른 차원을 추가하는 것이다. 인간만의 차별적인 차원을 말이다. 이를 통해 인간 차원에서만 활용할 수 있는 자원을 모아 놓은 차원에 이르자는 것이다.

이 관점에서 노르웨이 출신의 심리학자 브야네 크빌호그 (Bjarne Kvilhaug, 1963)는 로고테라피가 행동 이론의 '인간화'를 이룰 수 있다고 온당한 주장을 폈다. 행동주의적인 연구성과들은 그간 로고테라피적인 실습과 이론들을 실험적으로 확증하고 타당성을 입증해 주었다. 아그라스(Agras, 1972)는 이렇게 평가했다.

"역설적 의도는 환자가 공포적 상황을 회피함으로써 그 두려운 결과들에서 벗어나고자 노력하는 데 대해 신중해질 것을 요구했고, 이로써 환자 자신의 공포적인 상황을 효과적으로 노출시켰다. 혼자 걸어가면 실신할 것 같다는 광장공포증 환자에게는 그렇게 해보라고, 그래서 혼절하라고 말하는 것이다. 그 환자는 그럴 수 없음을 알게 되고, 자신의 공포적인 상황과 직면할 수 있게 된다."

이보다 일찍이 라자러스(1971)는 이렇게 언급했다.

"사람들은 예기 불안을 분출하라고 고무될 때 항상 정반대의 반응이 일어난다는 것을 알게 된다. 그들의 최악의 공포는 가라앉는다. 그런 방법이 여러 차례 사용되면 그들의 공포는 사라진다."

딜링, 로즈펠트, 콕코트, 헤이시(1971)는 "역설적 의도의 빠르고 좋은 결과는 학습이론의 이론에 따라 설명될 수 있다"고 주장했다.*

라핀손(Lapinso, 1971)은 심지어 신경생리학의 입장에서 역설적 의도를 시행한 결과에 대한 해석을 시도했다. 반사학^{reflexology}을 지향하는 밀러-헤게만(Muller-Hegemann, 1963)의 설명도 타당성을 보여주었다. 이는 내가 1947년에 제안한 신경증에 대한

---

* 로고테라피와 행동주의 치료법의 모든 유사점에도 불구하고, 차이점을 간과하지 말아야 한다. 이를 설명하기 위해 엘리자베스 베도야의 이야기를 인용하고자 한다. 이는 한편으로 역설적 의도라는 로고테라피적인 기법과, 다른 한편으로는 행동 수정을 대표하는 '동전 기법'(token policy)을 비교한 것이다. "한 부모가 9세인 아들 때문에 굉장히 화가 나 있었습니다. 그 아들이 아직까지 밤에 오줌을 가리지 못하기 때문이지요. 그 부모는 내 아버지에게 조언을 구했습니다. 그들은 그 아이를 때린 것, 나무란 것, 당황스럽게 했던 것 등등을 얘기했습니다. 그런데도 아무 소용이 없었답니다. 더 나빠지기만 했다는 것이죠. 내 아버지는 그 아이더러 매일 밤 침대를 적시면 동전 1개씩 주겠다고 했어요. 그 아이는 내게 돈을 받으면 영화관에 데려가고, 사탕도 사주겠다고 했어요. 그 아이는 돈을 많이 벌 것이라고 생각했겠지요. 그러나 그 아이가 다시 찾아왔을 때는 동전을 2개밖에 못 벌었다고 했어요. 돈을 벌겠다고 생각했기 때문에, 아무리 애써도 침대를 적시지 못하겠더라고 했답니다. 그는 아주 실망했어요. 도대체 무슨 일이 일어났는지도 이해할 수 없었고요. 한번도 실패한 적이 없었는데 말입니다."

해석과도 일치한다.

정신분석을 지향하는 정신의학자들은 대개 '조건반사'의 원초적인 조건들을 벗겨내는 데 집중한다. 이를 통해 어떤 신경증상이 처음 나타나는 내외적인 상황을 파악, 신경증을 제대로 이해할 수 있다고 생각한다. 그러나 신경증은 원초적 조건들뿐만 아니라 2차적 조건들에 의해서도 생긴다. 이런 증상 강화는 예기 불안이라고 불리는 피드백 기제에 의해 발생한다. 조건반사를 교정하려면 예기 불안에 의해 만들어진 악순환의 고리를 흐트려 놓아야 한다. 이 작업이 바로 역설적 의도 기법이다.

행동치료사들은 역설적 의도가 얼마나 제대로 기능하는지 설명하는데 그치지 않고, 실험적으로 입증했다. 솔리옴(1972) 등은 4년에서 25년까지 만성적인 강박신경증을 앓고 있는 환자들을 성공적으로 치료했다. 이 환자들 중 한 사람은 4년 반 동안 정신분석 치료를 받았고, 4명은 전기충격 요법을 받은 적이 있었다. 이들 연구진은 환자가 느끼는 심각성과 발생 빈도에서 거의 똑같은 두 가지 증상을 선택한 뒤 한 증상에만 역설적 의도를 적용했다. '통제 그룹'에는 이를 적용하지 않았다. 치료 기간이 6주로 비교적 짧았지만 당초 목표로 삼았던 강박적 사고에서는 50퍼센트의 개선 효과가 나타났다.

"몇몇 환자들도 나중에 다른 강박적 사고에 역설적 의도가 성공적으로 적용됐다고 알려 주었다. 대체 증상은 없었다."

연구진은 역설적 의도만으로, 혹은 다른 치료법과 병행할 경우 강박증 환자들에게 상대적으로 빠른 치료법이 될 수 있다고 결론지었다.

사실 역설적 의도에 관한 연구 결과들은 이렇게 로고테라피적인 기법들이 행동 수정과 결합되어 있는 사례들을 포함하고 있다. 그리고 일부 행동 치료사들은 행동요법에 의한 치료 효과가 로고테라피적인 기법들을 가미할 때 더 신장될 수 있음을 보여주었다. 제이콥스(1972)가 K라는 여성의 사례를 인용하는 것은 이런 바람직한 절충주의 입장을 견지한 것이다. K 여성은 폐쇄공포증 claustrophobia으로 15년간 고통을 받아 온 환자이다.

공포증은 비행기, 엘리베이터, 기차, 버스, 영화관, 식당, 극장, 백화점 등 제한된 장소까지 확장된다. 문제는 영국에 사는 여배우인 K가 자주 TV 출연이나 공연 때문에 비행기로 이동해야 하는 상황이 많다는 것이었다. 그 환자는 휴가차 들린 남아공을 떠나 영국으로 돌아가기 전 8주간을 치료 기간으로 잡았다. 그는 쇼크사를 두려워했다. 그녀는 그런 생각을 들게 하는 그 어떤 '위험한 생각'도 하지 말라는 교육을 받았다. 여기서 프랭클의 역설적 의도 기법이 적용됐는데, 공포증에 대한 그녀의 인식과 행동 반응들을 더 자극하기 위해서였다. 그녀는 어떤 공포적 상황에서 걱정이 들면 그 증상이나 괴롭히는 생각을 억누르려 하지 말고 스스로에게 이렇게 말하라고 주문했다.

"내게 육체적인 이상이 있다는 것을 알고 있다. 나는 단지 긴장하고 과호흡증 hyperventilate*일 뿐이다. 사실 나는 이런 증상들이 최대한 악화되게 만들어 그 사실을 스스로 증명하고 싶다."

그녀더러 '바로 그 순간에' 질식사에 닥쳐 보라고, 육체적 증상을 과장되게 나타나게 해보라고 주문했다. 야콥슨의 긴장이완 기법도 교육했다. 그녀는 그것을 연습하고 공포 상황에서 이를 활용해 진정시키라는 교육을 받았다. 그러나 너무 긴장을 이완시키거나 그에 맞서 씨름하지 말아야 한다는 것이 강조됐다. 그녀는 상담실에서 예전의 공포적 상황을 모두 찾아내는 훈련을 받은 뒤 상담실을 떠났다. 엘리베이터, 혼잡한 상점, 영화관, 식당 등이 이 경우에 속한다. 그런 상황에서 그녀는 다음과 같이 행동해야 한다. 교육받은 대로 긴장을 풀어야 한다. 이때 호흡항진이면 숨을 멈춰야 한다. 자신에게 그 공포 속으로 들어가자고 말한다.

"나는 상관없어. 처리할 수 있어. 지옥 같은 상황이 벌어져야 해. 아무것도 일어나지 않는다는 것을 증명해야지."

이틀 뒤 그녀가 다시 와서는 교육받은 대로 했다고 말했다. 영화관, 식당에 들렀고, 엘리베이터는 혼자 수십 번 탔다고 했다. 버스와 복잡한 상점도 갔다. 그 환자는 며칠 뒤 영국으로 돌아가

---

* 공황장애에서 나타나는 증상으로, 곧 숨이 막혀서 죽을 것 같은 느낌이 들어 과호흡하게 되고, 이로 인해 더 어지럽고 숨차게 만드는 악순환이 일어난다. ─옮긴이

기 직전에 다시 들렀다. 그녀는 개선된 상태를 유지하고 있었고, 예기 불안도 느끼지 않았다. 그녀의 말을 남편이 확인해 주었다. 그녀는 버스, 엘리베이터, 식당, 영화관, 어디에서도 불안이나 공포를 전혀 느끼지 않게 됐다는 것이다. 그 환자는 남아공을 떠난 뒤 2주 만에 내게 편지를 보내왔다. 비행기로 돌아가는 동안 아무런 어려움도 없었다고 전했다. 완전히 공포증에서 벗어난 것이다. 런던에서 지하철을 타기도 한다고 했다. 여러 해 동안 하지 못했던 일이다. 치료가 끝난 지 15개월 만에 K 부부를 다시 만났다. 두 사람 모두 그녀가 예전 증상에서 완치된 상태를 유지하고 있다고 확신했다.

제이콥스는 다른 환자를 치료한 사례도 전했다. T라는 남성이었는데, 공포증이 아니라 강박증이었다. 그는 심각한 강박신경증을 12년간 앓았다. 정신분석적인 치료법을 포함해 수많은 치료를 받았지만 효과를 보지 못한 상태였다.

그는 지난 7일간 강박증세와 숨막힘에 대한 두려움을 보였다. 그간 극도의 불안 상태에서 무엇을 먹고 마시는지 알 수 없고, 그 불안감을 억누르려 애쓰다 보니 히스테리성 목막힘증 globus hystericus* 현상이 생겼다. 그는 횡단보도를 건너다 중간에서 숨막힘이 오면 어쩌나 하는 생각에 길을 건너지도 못했다. 그래서 그

---

* 목에 뭐가 있는 듯한 느낌을 말한다. - 옮긴이

에게는 그토록 두려워하는 행동을 결행하게 함으로써 그 강박증을 없앨 수 있다는 점을 교육했다.

또한 식사할 때, 술마실 때, 길을 건널 때마다 긴장이완하는 법을 가르쳤다. 그에게 물 한 컵을 준 뒤 숨이 막힐 듯이 마셔보라고 했는데, 썩 잘하지 못했다. 그래서 하루에 3번 정도 숨이 막힌 상태를 견디는 연습을 하도록 했다.

다음 치료단계는 불안을 감소시키는 기법과 역설적 의도 기법에 집중했다. 열두 차례 치료가 시행된 뒤에 환자는 예전의 강박증이 완전히 사라졌다고 얘기했다.

다른 치료 사례도 있다.

고등학생인 비키가 내 상담소로 들어왔다. 그녀는 울면서 얘기하기를, 전과목에서 A학점을 받지만, 웅변에서만 낙제점을 받는다고 했다. 그 이유에 대해 자신이 알고 있는지 물었다. 그녀는 연설하려고 할 때마다 점점 무서워져서 발표를 하지 못하고, 교실에서 서 있지도 못한다고 했다. 예기 불안의 징후를 많이 갖고 있었다.

일단 그녀에게 역할 연기role-playing를 권했다. 그녀가 연설자가 되고 내가 청중이 됐다. 나는 긍정성을 강화하는 행동 수정 기법을 사용했는데, 3일마다 역할 연기를 실시했다. 그녀는 교실에서 처음으로 연설하는데 성공한 뒤에는 지역대회에 나갈 자격까지 얻겠다는 목표를 세웠다. 그가 무척 바라던 것이었다. 다음날 그녀는 교실에서 연설하는데 실패했고, 울면서 내 사무실을 찾아왔다. 행동 수정이 실패했기 때문에 역설적 의도를 적용하기로 했다. 나는 마침내 비키에게 다음날 교실에서 자신이 얼마나 공포를 느끼고 있는지 보여주라고 했다. 울고, 흐느끼고, 떨고, 땀을 흘리고, 최대한 보여주라고 하면서 시범을 보여주었다. 다음날, 그녀는 연설하는 동안 얼마나 자신이 두려운지 보여주려고 했지만, 그럴 수 없었다. A학점을 받은 연설을 잘 해냈기 때문이다.

고등학교 상담교사인 바바라 마틴(Barbara W. Martin)은 "처음에 행동 수정 기법을 사용해 왔는데, 나중에 로고테라피 기법을 적용했더니 학생들에게 더 효과적으로 작용했다"고 평가했다. 오를레앙 교구의 수감자 교화부의 밀턴 버글래스(Milton E. Burglass)는 72시간짜리 치료 상담 프로그램을 개설했다. 16명의 환자를 네 그룹으로 편성했다. 한 그룹은 '제한 그룹'으로 아무 치료도 시행하지 않았다. 또 한 그룹은 프로이트적인 분석법을 훈련을 받은 심리치료사에게 할당되었다. 다른 한 그룹은 행동과 학습 치료법 훈련을 받은 정신의학자들이 맡았다. 마지막은 로고테라피 그룹이다.

"치료 후 인터뷰에서 프로이트주의 그룹은 보통 정도의 만족도를 나타냈다. 행동 치료에 대해서는 더욱 더 냉담한 반응이었다. 로고테라피에 대해 가장 긍정적인 평가가 나왔고, 많은 소득이 있었다."

행동주의적 성향의 접근은 정신역학적인 성향의 환자에게 효과적이다. 몇몇 정신분석가들은 역설적 의도를 활용할 뿐만 아니라, 프로이트 방식에서도 성공을 입증하려 노력한다(게르츠, 1966 : 해븐스(Havens), 1968 : 바이스코프-요엘슨, 1955). 해링턴(Harrington)은 자신의 논문에서 역설적 의도 기법이 의식적인 자동방어기제를 가동시켜 반대공포증을 야기한다고 주장했다. 정신분석학적 모델에서 역설적 의도는 공포증이나 강박증 증상 자체보다 정신적 에너지를 덜 소비하고자 하는 방어기제를 가동시켜 증상을 약화시키는 것으로 볼 수도 있다.

역설적 의도는 정신분석가와 행동 치료사는 물론, 정신의학자들에 의해 암시적인 치료법과 결합되어 활용된다. 그런 사례는 브리그스(Briggs, 1970)가 왕립약협회의 회의 때 보고되었다.

리버풀에서 온 젊은이를 돌보아달라는 부탁을 받았다. 말더듬이였다. 그의 가장 큰 두려움과 걱정은 말을 할 때마다 말더듬 때문에 매번 정신적 고통을 느낀다는 것이다. 그는 말을 하기에 앞서 머리 속에서 리허설 같은 것을 하고 나서야 말을 하는 버릇이 있었다. 그는 점차 그것에 공포스러운 곤경에 빠졌다. 이 젊은이가 이미 두려움을 가졌던 것을 할 수 있게 해준다면 제대로 일이 풀릴 것 같다는 생각이 들었다. 나는 잠깐 역설의 반응에 대해 책을 쓴 빅터 프랭클을 떠올렸다. 그래서 그에게 다음과 같이 제안했다.

"너는 이번 주말 세상으로 나가거라. 사람들에게 네가 얼마나 유쾌한 말더듬이인지 보여주거라. 예전처럼 말하기에 실패하면 이번에도 마찬가지야."

그는 다음주에 찾아왔는데, 말하기가 부쩍 좋아져 의기가 양양해 보였다. 그는 이렇게 말했다.

"무슨 일이 일어났을 것 같아요? 친구들과 함께 술집에 갔는데, 한 친구가 제게 예전에 말더듬이였을 것 같다고 하더군요. '그래, 그래서 뭐가 어떻다는 것이냐'고 한방 먹였죠."

성공이었다. 이 성공이 내 덕분이라고 말하려는 게 아니다. 굳이 공을 가린다면, 빅터 프랭클 박사에게 돌아가야 할 것이다.

브리그스는 역설적 의도를 암시와 신중하게 결합했다. 그러나 암시는 치료법에서 완전히 제거될 수 없다. 그러나 역설적 의도의 치료법적인 성공을 빠뜨리고, 단순히 암시적 효과로 파악하는 것은 잘못이다. 말더듬이에 관한 또 다른 사례를 보여주는 다음의 보고서는 이 논점에 대해 몇 가지 해답을 던져준다.

17년 동안 심하게 말을 더듬었다. 수시로 전혀 말을 못하기까지 했다. 많은 연설 교정 전문가를 찾아다녔지만 성공하지 못했다. 한 지도강사는 '죽음의 수용소에서'(《Man's Search for Meaning》)라는 책을 교재로 던져 주었다. 나는 그 책을 읽은 뒤 스스로 역설적 의도를 시도해 보기로 했다. 처음 시도하자 마술처럼 말을 더듬지 않았다. 그래서 내가 보통 말을 더듬는 장소를 찾아나섰다. 그리고 역설적 의도를 적용해 그런 상황들에게 말더듬는 증상을 해소할 수 있었다. 역설적 의도를 활용하지 않은 상황도 몇 번 있었다. 그때는 말더듬이 곧바로 돌아왔다. 내 말더듬는 문제를 고치는 것은 역설적 의도를 활용한 효과라는 것이 명백히 입증된 것이다.

부정적 암시가 개입된 경우에도 역설적 의도는 효과가 있다. 환자가 치료법에 대해 도무지 믿지 않는 경우이다. 그런 예로 사회 활동가인 애이브러햄 조지 피누무틸의 보고서를 살펴보자.

눈을 심하게 깜박거리는 증상을 가진 젊은이가 사무실에 찾아왔다. 그는 누군가에게 말을 할 때마다 눈을 빠르게 깜박였다. 사람들이 그에게 왜 그러느냐고 묻기 시작했고, 그의 걱정도 시작됐다. 나는 그에게 정신분석가를 찾아가 보라고 권했다. 오랜 시간 상담을 받은 뒤 그는 다시 돌아와 정신분석가들이 문제의 원인을 찾지 못해 아무런 도움이 되지 않는다고 말했다. 나는 그에게 다음부터 누군가에게 말을 할 때는 네가 얼마나 눈을 빨리 깜박일 수 있는지 알 수 있도록 최대한 빠르게 깜박거려 보라고 했다. 그는 내게 제 정신이 아니라는 반응을 보였다. 그렇게 하면 눈을 깜박이는 증세를 없애기는커녕 더 자주 그럴 것이라는 얘기였다. 그는 무거운 발걸음으로 내 방을 나갔다.

그 후 몇 주간 그를 보지 못했다. 그러던 어느 날, 그가 다시 찾아왔다. 이번에는 기쁜 표정으로 그간의 일을 얘기해 주었다. 그때 내 제안을 탐탁치 않게 여겼기 때문에 그것에 대해서는 며칠 동안 생각하지도 않았다. 그러는 동안 그의 증세는 더 심해져 정신이 나갈 지경에 이르렀다.

어느 날 밤, 그는 침대에서 일어나 내 제안을 곰곰이 생각한 뒤 이렇게 다짐했다. "내가 아는 것은 모든 것을 다 시도했어. 사회활동가가 제안한 것이라고 시도하지 못할 이유가 뭐 있어?" 다음날 그가 만난 첫 사람은 가장 친한 친구였다. 그는 친구에게 말할 때 최대한 눈을 빨리 깜박거리겠다고 얘기했다. 그러나 놀랍게도, 그는 말할 때 전혀 눈을 깜박거릴 수 없었다. 그때부터 그는 눈을 깜박이는 데 정상적인 버릇을 갖게 됐다. 몇 주가 지나자 그는 아예 그것에 대해 의식조차 않게 됐다.

베네딕트(Benedikt, 1968)는 역설적 의도가 성공적으로 작용한 환자들을 대상으로 암시에 대한 민감성을 평가하기 위해 일련의 실험을 실행했다. 그 결과, 그들은 평균치보다 낮은 민감성을 갖고 있는 것으로 나타났다. 더욱이 많은 환자들은 역설적 의도에 대해 효과가 없을 것이라는 강한 믿음을 갖고 치료를 시작했다가 결국에는 성공하게 된 것으로 조사되었다. 그들이 치료에 성공한 것은 암시 효과가 있음에도 불구하고, 그것 때문만은 아니었던 것이다. 다음의 독자 편지에서 그런 예를 찾을 수 있다.

《죽음의 수용소에서》를 읽은 지 이틀 후 로고테라피를 시험할 수 있는 기회가 될 만한 상황이 일어났습니다. 마틴 부버에 관한 세미나의 첫 회의가 진행되는 동안, 나는 그때까지의 견해와는 정반대의 생각이 일었어요. 내가 의견을 발표하는 동안 땀을 줄줄 흘렸어요. 땀을 너무 많이 흘렸다는 생각이 들자, 다른 사람들이 쳐다보고 있지 않을까 불안감이 생겼어요. 이것이 더 많은 땀을 흘리게 했지요. 거의 본능적으로 나는 당신, 프랭클 박사와 땀에 대한 공포 때문에 상담했던 한 의사의 사례가 생각났어요. 그리고 이렇게 생각했지요. "내가 지금 여기서 유사한 상황에 처해 있는 거야." 그때까지만 해도 그 기법에 대해 회의적이었고, 특히 로고테라피에 대해 그랬기 때문에 이런 상황은 한번 시도해 보기에 이상적이라고 결정했어요. 로고테라피를 시험해 보기로 한 것이죠. 나는 당신이 그 의사에게 했던 충고를 기억해내고, 내가 얼마나 많은 땀을 흘릴 수 있는지 보여주겠다는 결심을 신중하게 했지요. 머리 속으로는 환자에게 내 생각을 표현하는 것처럼 계속 말을 했지요. "더! 더! 더! 네가 얼마나 땀을 많이 흘리는지 사람들에게 보여줘야 해. 진짜로 보여줘야 한다고!" 역설적 의도를 작동한 지 불과 2, 3초 사이에 나는 속으로 웃고 말았어요. 땀이 피부에서 마르기 시작한 것을 느낀 것입니다. 그 결과에 놀라움과 경탄을 금하지 못했어요. 로고테라피가 제기능을 할 것이라고 믿지 않았기 때문이지요. 속으로 다시 한번 이렇게 생각했어요. "제기랄, 프랭클 박사가 정말 여기에 뭔가 있구나! 회의적인 생각에도 불구하고, 로고테라피는 내 경우에 제대로 효과를 발휘했군."

역설적 의도는 어린이들에게 성공적으로 적용될 수 있다(레헴브레(Lehembre, 1964). 학급 단위의 상황에서도 효과가 크다. 초등학교 교사이자 상담요원인 폴린 퍼네스의 사례를 소개한다.

리비(11세)는 계속 다른 아이들을 뚫어져라 쳐다보는 버릇이 있었다. 아이들은 그런 리비에게 불평을 해대는 바람에 위협을 느끼게 됐고, 모든 수를 써 보아도 소용이 없었다. 리비의 담임 여교사인 H는 리비더러 다른 아이들을 쳐다보지 말라고 지시했다. 그 교사는 행동 수정 기법을 시도했다. 혼자 있게 하던지, 일 대 일 상담을 실시했다. 상황은 더 악화됐다. H 교사는 어떻게든지 도와주고 싶어 실행계획을 짰다. 다음날 수업이 시작되기 전에 그녀는 레비를 불러 "오늘은 네가 앤과 리차드, 루이스를 쳐다보렴. 첫번째 친구를 쳐다보고 난 뒤 두 번째 친구를 보는 식으로 하는 거야. 그리고 매일 15분씩만 봐야 한다. 네가 잊어버리면 내가 다시 일러주지. 수업은 받지 않아도 좋아. 그냥 쳐다보기만 해라. 재미있지 않겠니?" 리비는 교사를 우습다는 듯이 쳐다보았다. "그-으렇지만, 선생님, 정신 나간 소리 같아요." "전혀 그렇지 않아, 리비야! 나는 지금 진지하게 얘기하고 있는 거야." "너무 바보같아요." 그렇게 얘기하는 리비의 얼굴에는 가벼운 미소가 떠올랐다. 이때 교사는 환하게 웃으며 "정말 우스워 보이지, 그렇지? 한번 해보고 싶니?"라고 물었다. 리비가 쑥스러운 듯 얼굴을 붉혔다. H 교사는 가끔 우리가 원하지 않는 것을 해야 한다고 자신을 압박하면 버릇이 고쳐진다고 설명했다. 교실이 가득차고, 모든 자리에 아이들이 앉자 교사는 리비에게 몰래 신호를 보냈다. 리비는 잠시 H 교사를 쳐다보더니 이내 그녀에게 다가가 항변했다. "선생님, 저 못하겠어요!" "좋아, 나중에 다시 하자."

그날 수업이 끝날 때쯤 H 교사와 레비는 리비가 쳐다볼 수 없다는 것을 확인한 것이 무척 기뻤다. 8일째 되는 날, H 교사는 아침 수업을 시작하면서 레비에게 몰래 물었다. "오늘 쳐다보고 싶니?" 레비의 대답은 항상 "아니오"였다. 리비는 다시 쳐다보는 습관을 보이지 않았다. 그 아이는 자기가 이뤄낸 것에 자부심을 느꼈고, 학기말에는 H 교사에게 자기가 더 이상 쳐다보지 않는 것을 알고 있는지 물었다. 교사는 이미 알고 있었다면서 레비를 축하해 주었다. 그 교사는 나와 가진 레비에 대한 마지막 상담에서 레비가 같은 반 친구들과 관계를 맺기 시작했고, 이미지도 많이 좋아졌다고 전해 주었다. 나는 역설적 의도를 가지고 일하는 것을 즐긴다. 그것은 이런 주제를 던져준다. "삶을 그렇게 심각하게 여기지 말라. 우리 문제에서 즐거움을 만들어라. 옆으로 비껴나 서서 슬쩍 들여다보다 일소에 부칠 수 있다면, 문제들은 사라져버릴 것이다." 가끔 이 얘기를 아이들에게 해주면, 아이들은 농

담의 참뜻을 알아챈다.

그 교사는 인간의 자아 이탈의 능력에 달려 있는 역설적 의도 기법의 참뜻을 깨우쳤다고 말할 수 있을 것이다.

이런 사례들은 소개하는 것이, 역설적 의도가 모든 경우에 효과적이라는 점을 주장하려는 의도는 아니다. 그 효과가 쉽게 얻어지는 것도 아니다. 역설적 의도뿐만 아니라 일반적인 로고테라피도 만병통치약이 아니다. 그런 약은 심리치료 분야에 존재하지 않는다. 그럼에도 불구하고, 역설적 의도는 증상이 심각하거나 만성적인 경우, 나이를 가리지 않고 효과적인 치료법이 된다. 이에 관한 자료들은 충분히 출간됐다. 코쿠렉, 니에바우어, 폴락(1959) : 게르츠(1962, 1966) : 빅터와 크룩(1967) 등이다.

니에바우어 가의 사례 보고 중에는 65세 여성에 관한 것이 있다. 60년간 손을 씻는 강박증을 가진 환자였다. 게르츠는 24년간 공포신경증으로 고통받은 환자를 치료했다. 빅터와 크룩의 보고서에는 20년간 끌어온 도박충동을 가진 환자가 다루어져 있다. 이런 사례들에서 치료의 성공은 분명히 치료의사의 입장에서 개인의 모든 것을 투입한 대가로 얻어진 것이다. 이는 코쿠렉이 강박신경증을 앓고 있는 변호사를 치료한 사례에서 상세히 드러난다. 이 사례는 뮌헨 의과대학에서 프리드리히 M. 베네딕트가 학위 논문에 포함시켜 출간했다.

이 사례는 41세의 변호사에 관한 것이다. 그는 강박신경증 때문에 일찍 은퇴했다. 그의 아버지는 세균공포증^{bacteriophobia}이 있었던 만큼 그의 병에는 유전적인 요소가 있었다. 환자는 어린 시절 감염될까 두려워 팔꿈치로 문을 열곤 했다(유럽의 문들은 문을 열고 다는 고리가 달려 있다. 미국식 문은 손잡이를 돌려야 하는 것이다). 그는 청결에 과도하게 신경을 썼고, 다른 친구들에게서 병이 옮을까 항상 멀리 했다. 고등학교 때까지도 그는 혼자였다. 수줍음까지 많았던 그는 집안에만 틀어박혀 사는 터라 늘 친구들의 놀림을 받았다. 환자는 병의 증상이 처음 나타났던 때부터 이렇게 회상했다.

1938년 어느 날 밤 집으로 돌아오는 길에 그는 이상한 카드를 주웠는데, 여섯 번이나 읽어야 했다.

"이것을 읽지 않으면 평화를 찾지 못할 것이다."

저녁마다 "모든 것이 제자리에 있다"는 생각이 들 때까지 움직이는 압박감을 가졌다. 그는 저개발 국가에서 수입한 바나나를 먹지 않았다. 박테리아가 어떻게 옮겨오는지 잘 알고 있었다. 1939년 그는 '성의 금요일'^{Good Friday} – 예수의 수난일, 부활절 전의 금요일 – 의 축제 때문에 괴로웠다. 그가 저도 모르게 고기를 먹거나, 다른 사람들이 종교 교리를 어기게 되지 않을까 하는 두려움이었다. 고등학교에서는 칸트의 '순수이성비판'에 대해 토론하다가 그는 이 세계의 객관적 사물들은 실재가 아니라는 생각을 드러내 보였다.

"이 문장이 내게는 결정타였어요. 다른 것들은 전주곡에 불과했지요."

그것이 그의 질병의 중심적 주제였다. 환자는 모든 것을 '100퍼센트' 완벽하게 했는지 걱정하기 시작했다. 그는 아주 엄격한 의식에 따라 계속 자신의 양심을 추구했다. 그는 "나는 형식주의를 세웠다. 그것은 지금도 지켜야 하는 것"이라고 털어놓았다. 그는 모든 교차로마다 우회로를 만들어야겠다는 생각이 들었다. 신성한 어떤 것을 건드릴까 두려웠던 것이다. 그는 이상한 말들을 혼자 반복했다. 가령 벌을 받지 않으려 "나는 잘못한 게 없다" 등의 말을 했다. 전쟁기간에 그의 증상은 얼마간 약해졌다. 친구들에게 그에게 사창가를 못 간다고 놀려댔다. 그는 동정을 지키고 있었고, 성교를 하려면 발기가 되어야 한다는 것도 몰랐다. 한 아가씨가 그에게 남성다운 공격성이 없다며 뭔가 잘못된 게 있다고 얘기해주었다.

정신분석적 치료와 최면은 발기가 가능하게 하는 정도에서는 성공적이었다. 그러나 이들 치료는 강박증이 사라지게 해주지는 못했다. 1949년 그는 결혼했다. 새로운 치료를 시작하면서 불감증의 초기 증상이 나타나기 시작했다. 그때까지 그는 공부를 마치고 대학을 졸업했다. 그는 정치단체에서 일하다 재경부에서 일했다. 그러나 일처리가 느리고 효율적으로 하지 못해 직업을 잃었다. 의사와 상담을 다시 시작했지만 개선되지 않았다. 그는 철도와 관련된 일을 구했다. 그 동안 그는 자기 딸을 가까이 오지 못하게 했다. 자기가 성희롱을 하게 될까 두려웠다. 그의 강박증은 1953년부터 심해지기 시작했다. 1956년에 정신분열증을 앓는 간호사가 자기 눈을 도려냈다는 기사를 읽었다. 그는 자기도 그렇게 하지 않을까, 자기 아이에게 그럴 수도 있지 않을까 두려워지기 시작했다.

"그런 생각과 싸울수록, 그 증상은 더 심해졌어요."

숫자가 중요했다. 밤에는 오렌지 3개를 탁자에 올려놓아야 한다고 강박감을 가졌다. 전혀 잠을 자지 못했다. 다시 실직했다. 그는 1960년 정신과 의사의 치료를 받았지만, 별다른 소득이 없었다. 1961년에도 요법전문가의 치료를 받았으나 결과는 마찬가지였다. 1962년 그는 정신병원에 입원하기에 이르렀다. 그곳에서 정신분열 진단이 내려져 인슐린 45단위 투약처방을 받았다. 퇴원하기 바로 전날 밤에 그는 쇠약증세를 보였다. 모든 것은 가짜라는 생각에 지배당하고 있었다. 환자는 "그날 밤부터 내 병의 중심주제가 나를 위협했고, 나는 깊은 고통에 빠졌다"고 기억했다.

1년 사이에 직업을 20번이나 바꿨다. 여행 가이드, 티켓 판매 대리점, 인쇄 보조원… 1963년 그는 직업치료를 받았다. 어느 정도 효과가 있는 것 같았다. 그러나 1964년부터 강박증상은 더 강해지고, 일을 할 수 없었다. 그가 자주하는 생각은 "내가 다른 사람의 눈을 파낼 수도 있다. 거리에서 어떤 사람과 맞주치게 될 때마다 돌아가야 해. 내가 그러지 않았다는 것을 확실히 할 수 있어"라는 것이다.

그의 병은 가족들이 인내의 한계에 다다르게 했다. 그는 '심각한 강박신경증'으로 판정받아 폴리클리니크에 입원하게 됐다. 시험 결과 기질성 장애는 없는 것으로 나타났다. 약물 치료로 환자는 안정 상태를 유지했다. 1일째 정신분석 치료가 시행됐다. 환자는 수면을 취하지 못하고, 긴장하고, 자기가 남의 눈을 파버리지 않았는지 알려고 문을 주시했다. 그는 복도에서 아이들을 만나면 멀리 돌아간다. 그는 지속적으로 '의식적'인 행동들을 통해 자기가 다른 사람들을 해치지 않았다는 것을 보여주려고 했다. 그는 자기 손을 주시했다. 자기 눈을 파내지 않을까 두려워서였다. 유머라곤 다 메말라버렸다.

이틀째에는 긴 토론이 시작됐다. 이는 치료기간 내내 지속되었다. 코쿠렉 박사는 환자의 죄의식에 집중했다. 그의 어머니, 아내, 자식들, 끊임없이 전전했던 직업들, 모든 것은 가짜라는 강박, 그런 것들에 대한 죄의식이다. 그는 정신병원 시설에 들어오지 않았다면, 어린이를 공격하게 됐을 것이고 '미친짓'으로 결말지어졌을 것이라는 두려움을 나타냈다. 코쿠렉 박사는 강박적 행동과 강박관념의 차이를 설명했다. 그는 환자가 정확히 병 때문에 아무도 해치지 못한다는 사실을 지적해 주었다. 그의 질병인 강박신경증은 범죄적 행동을 하지 않는 보장을 받은 것이나 다름없다. 그가 다른 사람의 눈을 파낼지도 모른다는 그 두려움은 바로 그의 강박적 관념을 실행하지 못하는 이유인 것이다.

치료 4일째, 환자는 더 침착하고 이완된 것 같았다. 치료 5일째, 환자는 모든 것을 올바르게 이해하고 있는지 확신할 수 없다고 말했다. 그는 반복적으로 코쿠렉 박사의 설명이 "세상 모든 곳, 모든 것에, 어떤 때라도" 옳은 것이냐고 물었다. 치료 6일째, 환자와의 대화가 계속됐다. 환자는 많은 질문을 했고, 상세한 답변이 주어졌다. 치료 11일째, 역설적 의도의 핵심에 대해 환자에게 설명해 주었다.

그는 자신의 생각을 억누르지 않고 밖으로 표시했다. 그 생각들은 그가 두려워하는 행동으로 결말지어질 것들이 아니었다. 그는 자신의 생각이 아이러니에 미치게 하려 노력했다. '유머'에 이르는 것도 바람직했다. 그러면 그는 다시 강박적인 생각을 갖지 않게 될 것이다. 그 강박적 관념들은 애써 맞서 싸우지 않으면, 그냥 사라질 것들인 것이다. 그가 무엇을 두려워하든지 간에 강박적 신경증을 감당할 수 있도록 계획을 세워야 했다. 치료 15일째, 실제적 연습이 시작됐다. 코쿠렉 박사와 함께 헤르 H가 역설적 의도 기법을 연습하러 우리 병원에 왔다. 우선 그에게는 소리내어 몇 가지 말들을 하게 했다.

"좋아, 해보자, 눈을 파내 보자! 이 방에 있는 환자들의 눈부터 파내자. 그러고 난 뒤에는 의사들의 눈을 모두 파내버릴 거야.

마지막에는 간호사들까지. 나는 이것을 하루에 다섯 번씩 할 거야. 여기 있는 사람들을 전부 해버리고 나면, 맹인들만 남게 될 거야. 웃긴 일이 벌어질 거야. 여기 여자들은 왜 해치워 버렸지? 좋아, 그들이 밤새 청소할 거리를 줘야지."

다른 말은 이런 것이었다.

"아, 저기 간호사가 있군. 그녀는 눈을 파버린 희생자 같아. 운동장에는 방문객들이 많은데, 저기도 내가 손을 써야 할게 많아. 한꺼번에 눈을 파내버릴 좋은 기회야. 그들 중에 몇몇은 중요한 사람이겠지… 내가 다 해치워 버리면 장님들만 남게 될 거야."

이런 말들은 여러 가지 변형된 형태로 연습하게 했다. 이 연습에서 코쿠렉 박사는 초기에 환자가 강한 저항을 보였기 때문에 개인적인 개입이 불가피했다. 그는 아직도 강박적 사고에 사로잡힌 희생자로 남아 있지 않을지 우려했다. 또한 이 방법론의 성공에 대한 믿음도 사실은 없었다. 그는 암시적 문구를 반복했다.

이런 예비 연습단계가 지난 뒤 환자는 자기 방으로 돌아가 역설적 의도를 연습했다. 그날 오후 그의 입가에 첫 미소가 비쳤다. 그는 "처음으로 내 생각이 바보 같다는 생각이 든다"고 기뻐했다. 치료 20일째, 환자는 그 기법을 아무런 문제없이 적용할 수 있는 상태라고 말했다. 그에게 그간 연습한 역설적 의도를 이제는 눈을 파내고 싶은 사람들을 만날 때뿐만 아니라 그런 생각이 미리 들 때도 실행해야 한다고 주지시켰다.

다음날 그는 코쿠렉 박사의 도움을 받아 역설적 의도를 실행했다. 그의 실행 장소는 어린이 이비인후과 병원도 포함된다. 몇 가지 사전 양해를 얻어 환자는 병원에서 역설적 의도를 실행한다. "좋아, 이제 가서 아이들 몇 명을 장님으로 만들 거야. 하루 할당량을 채울 수 있는 좋은 기회야" 또는 "나는 여러 가지 강박적 생각을 갖고 있어. 그것들이 내게 역설적 의도를 실행할 기회를 준 거야. 그래서 집에 돌아갈 준비가 되어 있는 거야" 등의 말을 하게 된다.

치료 25일째, 환자는 코쿠렉 박사에게 병원 안에서는 어떤 강박적 사고도 할 수 없다고 말했다. 어른과 어린이 모두들 앞에서는 그럴 수 없다고 했다. 때때로 그는 역설적 의도를 까먹었다. 그가 강박적 사고를 갖고 있을 때도 더 이상 그를 겁주지 않는 것처럼 보였다. 모든 것이 가짜라는 그의 강박관념 역시 역설적 의도에 걸려들었다. 그는 "좋아, 나는 가짜인 세상에 살고 있어. 여기 있는 테이블도 거짓이고, 의사들도 실제는 여기 없어. 그러나 이렇더라도, 이 '가짜 세상'이 살기에 나쁘지는 않아. 어쨌든 이 모든 것들을 내가 생각하는 것이, 바로 내가 진짜로 여기 있다는 것을 증명하잖아"라는 말을 연습했다.

치료 28일째, 환자는 처음으로 병원을 떠날 수 있다는 허락을 받았다. 그는 두려움에 휩싸였고, 그런 말들을 밖에서 할 수 있을 것이라고 생각하지 않았다. 그에게 자신의 생각을 이런 식으로 조정해 보라고 권했다.

"내가 지금 나가서 이 거리에 재앙을 만들 거야. 변화를 위해서 병원 밖에서 눈을 파내는 짓을 계속할거야. 모든 사람의 눈을 뺄 거야. 아무도 나를 피할 수는 없어."

그는 많은 걱정을 안고 병원을 떠났다. 그가 돌아왔을 때는 성공에 기쁜 얼굴이었다. 그는 걱정을 많이 했지만 연습했던 말들을 사용할 수 있었다. 그는 바깥 세상에 대해 강박관념을 갖고 있었지만, 그것들이 그를 두렵게하지는 않았다. 한 시간 동안 걸어가면서 돌아서 지나간 것은 두 번밖에 없었다. 그는 역설적 의도를 활용한 것이 너무 늦었다는 생각을 했었다.

"강박적 관념을 갖기가 힘들어졌어요. 하지만 가진다고 해도 나를 괴롭히지 않아요."

치료 32일째에 그가 한 말이다.

치료 35일째, 환자가 집으로 돌아갔다. 통원 치료는 계속받았다. 그는 그룹 치료에 참가했다. 퇴원할 당시 그의 상태는, 병원 내에서 강박관념이 없는 정도였다. 밖에 나서면 약간 있었지만, 거기에 대응하여 학습한 말들을 어떻게 적용해야 하는지 알고 있었다. 그의 강박관념들은 더 이상 그의 일상을 위협하지 않았다. 환자는 즉시 일을 구했다.

헤르 H는 퇴원 후 첫 2주 동안 매일 코쿠렉 박사를 만나 하루 일을 보고하고, 어떻게 대응할지 조언을 들었다. 이후에는 병원을 찾는 횟수가 점차 줄어 4개월에 한 번으로 정해졌다. 그가 그룹 치료에 참가하는 것도 비정기적이다(회사 사장은 그가 일하는 데 만족하고 있다). 그는 역설적 의도를 매일 활용할 수 있었다. 근무하는 동안에는 강박증을 갖고 있는지 알기 힘들었다. 단지 매우 피곤할 때만 찾아왔다.

치료를 받은 지 5개월째에 부활절이 다가와 '성의 금요일'에 대한 불안감이 생겼다. 그날 아무것도 모르고 고기를 먹게 되지 않을까 두려워했다. 그는 코쿠렉 박사와 긴급 상황에 대해 논의했다. 그들은 다음과 같은 말을 만들었다. "고기를 넣은 스프를 꿀떡꿀떡 먹을 거야. 고기가 들었는지 볼 수는 없지만, 강박증이 있어서 나는 분명히 들어있다고 확신한다. 그런 스프를 먹은 것이 내가 죄를 짓는 게 아니야. 치료를 위한 것일 뿐이라고."

그 다음주 그는 부활절 주간에 아무 문제가 없었다고 전했다. 역설적 의도를 사용하는 것도 필요가 없었다.

치료 6개월째, 병이 재발했다. 강박관념이 돌아왔고, 역설적 의도를 다시 실행했다. 2주 만에 환자는 자기 통제가 가능해졌고, 강박증에서 풀려났다. 그는 가끔씩 재발증세를 보이지만, 몇 차례 치료로 대처할 수 있다. 환자는 더 악화되는 느낌이 오면 코쿠렉 박사를 찾는다. 치료 7개월째에 환자는 자신의 강박관념들이 모두 사라졌다고 주장했다. 심한 압박감을 느끼거나, 육체적으로 힘들 때만 약간 나타난다고 했다. 어느 주말에 그는 좋아하는 관광

가이드로 나서기도 했다. 처음 빈을 벗어난 여행을 마친 뒤 그는 "나는 모든 상황을 섭렵했다"고 자신했다.

7개월째의 마지막 주말에는 가족과 함께 여행을 떠났는데, 아무 문제도 없었다. 그 후 3개월 동안 소식도 없이 코쿠렉 박사를 찾지 않았다. 나중에 그는 도움이 필요 없을 정도로 기분이 괜찮았다고 알려 주었다. 그 3개월 동안 그는 강박관념에서 완전히 해방되었다. 그는 "전에는 한 번도 없었던 일"이라고 좋아했다. 이따금 강박증이 생기지만, 더 이상 실행해야 한다는 압박감을 느끼지는 않았다. 강박증은 그의 일상을 방해하지 않았다. 헤르 H는 퇴원 후 14개월 동안 일했는데, 전혀 직업을 바꾸지 않았다. 그것이 치료 성공의 증거였다.

강박신경증에 대한 역설적 의도의 결과는 "예후prognosis가 다른 신경성 장애보다 나쁠 수 있다"는 사실의 관점에서 평가되어야 한다(솔리옴 外, 1972). "강박신경증 치료에 대한 7개국, 12건의 연구 결과를 보면 50퍼센트가 호전되지 않은 것으로 나타났다"(예이츠, 1970). 강박신경증의 행동 치료에 대한 8건의 연구는 "46퍼센트만이 호전됐다"고 보고되었다(솔리옴 外, 1972).

역설적 의도 기법은 종종 불면증의 치료에도 활용된다. 사디크는 수면제에 중독된 40세 여성 환자 치료에 이 기법을 적용했다. 어느 날 밤 10시쯤 그녀는 병실에서 나왔다.

환자 : 수면제 좀 주시겠어요?

의사 : 미안합니다. 오늘 밤에는 드릴 수가 없어요.

다 떨어졌거든요. 새로 갖다 놓는 것을 깜박했어요.

환자 : 저런, 저는 이제 어떻게 잠을 자지요?

의사 : 글쎄요, 내 생각에는 오늘 밤에 약을 드시지 않고 잠을 청해야 할 것 같습니다.

(그녀는 병실로 돌아가 침대에서 2시간 동안 누워 있다가 다시 나왔다)

환자: 정말 잠을 잘 수가 없어요.

의사: 그러면, 병실로 가봅시다. 누워서 잠을 자지 않으려고 해보세요. 밤을 완전히 샐 수 있는지 봅시다.

환자: 내가 미친 것 같아요. 하지만 당신도 그런 것 같네요.

의사: 잠깐 미치는 것도 재미있지요. 그렇지 않아요?

환자: 지금 진정이세요?

의사: 뭐가요?

환자: 잠자지 않기 말이에요.

의사: 물론이지요. 농담이 아닙니다. 가서 시도해 보세요. 밤을 지샐 수 있는지 봅시다. 제가 매시간마다 알려드리면서 도와드리지요. 어떠세요?

환자: 좋아요.

사디크는 "아침에 아침 식사를 알리려고 그녀 방에 갔더니, 그때까지 잠을 자고 있었다"고 전했다. 이와 유사한 사례가 떠오른다. 제이 할레이(1963)의 사례보고이다.

"최면술에 관한 강의를 하던 중에 한 젊은이가 밀턴 H. 에릭슨에게 이렇게 말했다. '당신이 다른 사람을 최면시킬 수 있을지 모르지만, 제게 최면술은 소용이 없을 것입니다.' 에릭슨 박사는 그 환자를 시연대에 나오게 했다. 그를 자리에 앉게 한 뒤 '나는 네가 깨어있기를 바란다. 더 완전히, 더 완전히 깨어버려라.' 그 환자는 즉시 깊은 혼수상태에 빠져버렸다."

불면증이 역설적 의도로 나을 수 있지만, 불면증 환자가 확고한 인식을 갖고 있지 않으면 이를 활용하는데 망설이게 된다. 몸은 실제 필요한 것보다 최소량의 수면량으로 유지된다. 그래서 환자는 역설적 의도로 인한 수면부족에 대한 우려할 필요없이 적극 활용해 보는 것이 좋다. 한번 밤새기를 바라는 것이다.

메들코트(1969)는 역설적 의도가 환자들의 불면증뿐만 아니라 꿈에도 적용했다. 그는 이 기법을 특별히 공포증에 적용했는데, 분석적으로 정신과의사에게 의존하는 경향이 많은 환자에게 매우 큰 효과를 나타냈다고 보고했다. 가장 주목할 만한 것은 따로 있었다.

"악몽에 시달리는 환자에 시도된 적용 원칙은 아프리카 부족에서 사용된 것과 유사했다. 이 같은 사실은 몇 년 전 〈횡문화 정신의학 (Transcultural Psychiatry)〉에 소개됐다. 병원에서 뛰어난 호전을 보인 환자는 심각한 신경성 우울증 증세를 보이고 있었다. 그에게 역설적 의도의 실행을 권유해 집으로 돌아갈 수 있었다. 의식적인 불안감도 효율적으로 대처할 수 있게 되었다. 그러나 그녀가 몇 번 돌아왔는데, 잠을 잘 때마다 자신을 총이나 칼로 죽이려는 사람에게 쫓기는 꿈 때문에 고통스럽다고 호소했다. 그녀의 남편도 밤마다 비명소리에 놀라 그녀를 깨우기 일쑤였다. 그녀에게는 단호하게 더한 악몽을 꾸려고 노력하라고 주문했다. 참아내다가, 총에 맞거나 칼에 베인 채 잠에서 깨도 상관없다고 자신감을 주었다. 남편에게는 그녀가 비명을 지를 때 어떠한 상황에서도 깨우지 말도록 했다. 다음번 그녀를 만나자 더 이상 악몽을 꾸지 않는다고 했다. 다만 그녀가 잠결에 웃는 바람에 남편이 깬다고 전했다."

역설적 의도가 환청auditory hallucination과 같은 발현manifestation에까지 시도된 사례들이 있다. 다른 보고서는 다시 사디크가 작성한 것이다.

프레더릭은 24세의 환자로 정신분열증을 앓고 있었다. 주된 증상은 환청이었다. 그는 자기를 놀려대는 소리를 들었고, 그것 때문에 겁을 먹었다. 내가 그와 이야기를 나눈 것은 입원 10일째였다. 프레데릭은 새벽 2시쯤 병실을 나와 환청 때문에 잠을 잘 수 없다고 호소했다.

환자 : 잠을 이룰 수가 없어요. 수면제를 좀 주시겠어요?

치료사 : 왜 잠을 이룰 수가 없지요? 어디가 불편하세요?

환자 : 예. 나를 놀리는 소리들이 들려요.
그것들을 막을 수가 없어요.

치료사 : 그것을 담당의사들에게 얘기했나요?

환자 : 그분은 그 소리들에 신경을 쓰지 말라고 하더군요.
그런데 그럴 수가 없어요.

치료사 : 그것들에 신경을 쓰지 않았다고요?

환자 : 요즘 매일 그러려고 노력했어요.
하지만 별 소용이 없는 것 같아요.

치료사 : 그럼 다르게 해보면 어떨까요?

환자 : 그게 무슨 뜻이죠?

치료사 : 가서 침대에 누워서 들리는 소리들에 집중하세요.
듣지 않으려고 애쓰지 마세요. 그냥 더 많이 들으려고 하세요.

환자 : 지금 농담이죠?

치료사 : 아니요. 그런 지랄 같은 것들을 즐기지 못할 이유가 있습니까?

환자 : 그래도 내 담당의사가…

치료사 : 한번 해보지 않으시겠어요?

환자는 시도해 보기로 했다. 나는 45분 후에 확인해 보았다. 그가 잠자는 소리가 들렸다. 아침에 나는 어떻게 잠을 잤는지를 물었다. 그는 "아, 잠을 잘 잤어요"라고 대답했다. 그가 환청을 오랫동안 들었는지 물었는데, "모르겠어요. 곧 잠이 든 것 같아요."

이 사례는 후버(1968)의 경험을 생각나게 한다. 그는 선(禪, Zen) 정신의학 병원을 방문했는데, 그곳은 "증상에 대해 호소하고, 분석하며, 피하려 애쓰는 게 아니라 그것을 감내하는 삶을 강조한다. 그는 이런 맥락에서 여승이 급성 정신장애를 겪게 된 사례를 언급했다.

그녀의 주된 증상은 뱀이 몸을 기어오른 것처럼 보이는 공포였다. 의사들과 심리학자, 정신의학자들이 그녀를 보러 왔으나 해줄 수 있는 것이 없었다. 마침내 선 정신의학자가 초청됐다. 그는 그녀의 병실에 5분 정도 머물렀다. 그가 "무엇이 문제냐"고 물었다. 환자는 "뱀이 내 몸에 기어올라 나를 놀라게 하는 것"이라고 답했다. 그 선 정신의학자는 잠시 생각하더니 이렇게 얘기했다.

"나는 지금 가야 합니다. 하지만 1주일 내에 다시 보러 오지요. 내가 없는 동안 그 뱀을 자세히 관찰하고, 내가 돌아왔을 때 그 행동들을 정확하게 알려 주세요."

7일이 지난 뒤 그가 돌아와 수녀를 찾았더니, 그녀는 병을 얻기 전에 했던 소임을 다하고 있었다. 그는 그녀의 회복을 축하한 뒤 "내가 시킨 대로 했느냐"고 물었다. 그녀는 "그럼요. 뱀에 온 정신을 집중했어요. 그러나 아쉽게도 그 뱀을 더 이상 볼 수 없었어요. 내가 면밀히 관찰하려고 하니 사라져 버린 것입니다"라고 말했다.

역설적 의도의 원리가 어떤 가치가 있다면, 오래 전에 그것을 발견하지 못했다는 것이 이상하다. 아마 거듭하여 발견되어야 온당할 것이다. 로고테라피는 그 원리를 과학적으로 수용할 수 있는 방법론으로 만들어야 했다.

그러나 방법론에 관하여, 역설적 의도를 적용해 성공을 거두고 자신들의 기법을 책으로 출간한 학자와 치료사들이 대부분 로고테라피에 대한 정식 훈련을 받은 경험이 없고 로고테라피 치료사를 실제로 본 적도 없다는 사실을 지적해야 한다. 그들은 순전히 논문들에서 배웠을 뿐이다. 이들 논문은 사람들이 로고테라피 관련 책에서 자신이 직접 역설적 의도를 적용할 수 있을 자기 관리식 방법을 찾아 도움을 받을 수 있게 해준다.

다음의 편지에서 이런 사례를 살펴볼 수 있다.

나는 5개월 동안 시카고에서 역설적 의도에 관한 정보를 찾았습니다. 처음에는 박사님의 책 《의사와 영혼(The Doctor and the Soul)》을 통해 방법론을 배웠어요. 그때부터 여러 곳에 전화를 걸었어요. 광고도 실었지요. "역설적 의도에 의한 치료법을 알고 있거나 치료를 받은 적이 있는 사람에게서 이야기를 듣고 싶습니다"라는 글을 한 주 동안 〈시카고 트리뷴〉에 실었는데, 아무런 연락이 없었어요. 그래서 "왜 내가 아직도 역설적 의도에 대해 알려고 노력하고 있지?"라는 생각이 들었어요. 그 동안 책에서 읽은 사례들을 최대한 따르면서 스스로 역설적 의도를 활용하고 있었어요. 나는 14년간 광장공포증 agoraphobia 증상을 갖고 있었지요. 프로이트 학설에 따른 정신의학자에게 다른 문제로 3년간 치료를 받는 동안 24번이나 신경쇠약에 걸렸어요. 3년째 되던 해에 완전히 포기했어요. 더 이상 일할 수 없었고, 밖으로 나가는 것조차 하지 못했어요. 내 동생은 최대한 나를 돌보아 주었어요. 4년간 혼자 어떻게 해보려고 한 뒤에 주립병원에 입원할 수밖에 없었지요. 체중이 많이 줄었어요. 6주 후에는 '호전'된 것 같아 퇴원했습니다. 몇 달이 지나자 다시 신경쇠약 증세를 보였어요. 집밖에 나갈 수가 없었습니다. 이번에는 최면술사를 찾아 2년간 치료를 받았어요. 큰 도움은 받지 못했어요. 공황 panic, 떨림, 어지러움증을 갖고 있었지요. 큰 공황발작이 올 때가 두려웠어요. 큰 상점, 군중, 장거리 등을 꺼리게 되지요. 14년간 하나도 변한 것이 없었던 셈입니다.

몇 주 전 나는 신경이 곤두서고 두려움을 갖기 시작했어요. 박사님의 치료법이 생각나더군요. 이렇게 생각했지요. '거리에서 사람들에게 내가 얼마나 공황발작과 쇠약에 잘 걸리는지 보여줄거야.' 아주 진정되는 것 같았어요. 조그만 근처 가게에서도 계속했어요. 내가 할 말들을 챙기다 보니 다시 긴장과 두려움을 느끼게 됐습니다. 손에 땀이 나는 것을 느꼈지요. 뛰쳐나가고 싶지는 않았어요. 역설적 의도를 사용했지요.

"내가 얼마나 많이 땀을 흘릴 수 있는지 보여주자. 아마 모두 놀랄 거야."

식료품 몇 개를 사고 집으로 돌아가려고 하자마자, 긴장과 두려움이 사라진 것을 깨달았습니다. 2주 전에 이웃에 카니발(이동 놀이공원)이 시작되었어요. 나는 늘 긴장되고, 겁을 먹었어요. 집을 나서기 전에 이렇게 다짐을 했답니다.

"내가 공황 상태가 되고 쇠약 증세가 되게 할 거야."

처음 사람들이 운집해 있는 카니발의 한 중심가로 걸어갔어요. 그래요. 때때로 두려운 생각이 들었고, 공황이 온다는 생각도 들었어요. 그러나 그때마다 역설적 의도를 사용했어요. 기분이 불쾌할 때마다 그 방법을 썼어요. 그곳에서 3시간 동안 스스로 즐겁게 놀았는데, 수년 만에 처음이었습니다. 그 긴 시간을 보냈다는 데 자부심을 느꼈어요. 그때부터 전에는 할 수 없었던 것들을 하기 시작했습니다. 내가 완전히 치료됐거나, 내가 할 수 없는 큰일을 한 것도 아닙니다. 하지만 밖에 나가면 내가 달라졌다는 것을 느낍니다. 내가 아프지 않은 것은 생각이 들 때도 있어요. 역설적 의도를 활용하는 것이 나를 더 강하다고 느끼게 해줍니다. 처음에는 공황에 대해 반

격해야 한다고 생각했었어요. 그렇게 희망이 없다고 생각하지는 않았거든요. 많은 방법들을 써보았지만, 박사님의 치료법만큼 빠르게 안정을 가져온 것은 없었어요. 그게 내가 시도했던 것들 중에 가장 힘들었던 것도 아니었는데 말이죠. 나는 박사님의 방법론에 신뢰를 갖고 있습니다. 단지 책을 보고 혼자 힘으로 시도했기 때문입니다. 이만 줄입니다.

추신. 나는 불면증에도 역설적 의도를 활용하고 있습니다. 그래서 아주 짧은 시간 내에 잠이 들 수 있게 됐어요. 몇몇 내 친구들 역시 잘 사용하고 있어요.

우연히 한 환자가 이와 똑같이 자신이 시도한 '실험'을 전하고 있다.

침실에 들어서자 공황상태에 이를 상황에 내가 놓여 있다는 생각이 떠올랐다. 내가 하려는 것은 역설적 의도를 집에서 시도하는 것이다. 그래야 밖에서도 효과가 있을 것이다. 역설적 의도를 사용하기 전에는 그런 상황을 감지하고 곧 발작증세가 올 것이라는 것을 알면서도 진정하려고만 했다. 역설적 의도를 실행하고 있는 요즘은 두렵지 않고, 공황을 느끼지도 않는다. 공황에 빠지려고 하면 그렇게 할 수 없기 때문인 것 같다.

자기 관리식 역설적 의도는 다음의 사례에서도 찾을 수 있다.

나는 목요일 아침 잠에서 깨어나자 불안 증세를 느껴 "절대 좋아지지 않을 거야. 무엇을 해야 하지?"라고 생각했어요. 예전처럼 점점 더 우울증세가 심해졌어요. 눈물을 흘리고 있는 줄도 몰랐거든요. 너무 절망스러웠어요. 갑자기 역설적 의도를 실행해 보자는 생각이 떠올랐지요. 나는 이렇게 말했어요. "내가 얼마나 우울해지는지 보여줄 거야." 또 이렇게 생각했지요. "정말 우울해지고 울기 시작할 거야. 온통 울고 다닐 거야." 마음 속으로 내가 눈물을 펑펑 쏟고 있다고 상상하기 시작했어요. 너무 많이 울어서 집이 잠겨버리는 상상까지 했지요. 그런 풍경이 벌어졌을 생각을 하니 웃음이 나오기 시작했다. 언니가 찾아와 "에스더, 도대체 뭘 하고 있었던 거니? 이 집이 잠길 정도로 울었단 말이야?"라고 당황하는 모습도 그려보았지요.

프랭클 박사님, 이런 장면들이 떠올라 연거푸 웃음이 나오는 바람에 내가 너무 웃지 않았나 두려웠어요. 그래서 이렇게 마음을 먹었지요. " 아주 크게 많이 웃어서 이웃들이 누가 그렇게 웃고 있나 궁금해서 나올 정도로 만들어야지." 그랬더니 어느 정도 진정이 되더군요. 그게 목요일이었고, 오늘이 토요일입니다. 아직까지 우울증이 없습니다. 그날 역설적 의도를 활용한 것은 마치 거울 속에서 자신이 울고 있는 모습을 발견하고, 어떤 이유로 울음을 그치게 만들었던 것 같아요. 그 거울 속의 모습을 보는 동안에는 울 수가 없었던 것이지요.

추신. 박사님께 도움을 달라고 편지를 쓴 게 아닙니다. 저는 스스로 치료했어요.

사람들이 혼자 힘으로 역설적 의도를 적용해 '스스로 치료'할 수 있는 것은, 그것을 자신과 모든 사람들 사이에 가설된 대처기제를 응용, 동원하는 것으로 이해하는 경우에만 가능한 것이다. 역설적 의도기제가 무지불식간에 적용되는 것은 이런 연유이다. 루벤 A. K.는 다음과 같은 사례를 보고했다.

나는 이스라엘 군대에 입대하려고 했다. 내 나라에서 생존을 위한 싸움의 의미를 찾은 것이다. 내가 복무할 수 있는 최선의 방법을 결정했다. 낙하산 부대에 지원했다. 내 생명이 위협받은 상황에 노출된 셈이다. 난생 처음 비행기에서 뛰어내리는 경험을 한 것이다. 공포와 그야말로 오들오들 떨리는 증상을 경험하면서 이를 감추려고 애썼다. 그래서 최대한 천천히 공포를 곱씹고, 마음껏 떨어보기로 했다. 얼마간 시간이 지나자 떨림과 어지러움증이 멈췄다. 의도하지 않게, 역설적 의도를 실행하게 됐고, 제대로 들어맞았다.

역설적 의도의 원리와는 반대로, 알게 모르게 그 방법이 활용된다. 이 사실은 한때 내 제자였던 하버드 대학의 우리엘 메슈람의 환자 사례와도 일맥상통한다.

그 환자는 호주 군대의 소집영장을 받았다. 그는 말더듬이 때문에 면제받을 수 있다고 확신했다. 경과를 요약하면, 그는 의사에게 의사소통의 문제점을 보여주려고 했다. 하지만 그렇게 할 수 없었다. 아이러니하게도, 그는 고혈압 때문에 면제를 받았다. 호주 군대는 아직까지 그가 말더듬이였다는 사실을 인정하려 들지 않을 것이다. 이 사례를 보면, 엘리자베스 루카스의 '인간만의 유일한 특성'(Uniquest, 1977)에 나오는 사례가 떠오른다.

"54세에 자식이 없는 기혼녀 애널리에스 K.는 심각한 우울증에 걸려 정신약리학 psychopharmacology에 따른 처방을 받았다. 그런데도 그녀는 재발의 공포를 갖고 있었다. 그녀가 그런 공포를 얼마나 조절할 수 있는지 확인시키려 로고테라피의 역설적 의도 기법이 적용됐다. 그녀는 그 공포에서 최대한 멀어지라는 지침을 받았다. 유머 감각을 활용하려는 목적이었다. 그녀가 예기 불안을 느낄 경우 다음과 같은 공식대로 이행하라고 주문했다. '이제 우울증을 줄일 시간이 왔다. 수년 동안 그래본 적이 없는데 오늘 사이에 그런 일이 일어나 좋은 결과를 맺을 것이다.' 또는 '그래 오라고 해봐. 그게 좋아. 하지만 오늘은 그럴 수 없을 거야' 라거나, '내게 무슨 문제가 있는지 모르겠어. 더 이상 우울할 수가 없어. 예전에는 잘 그랬는데. 이번에는 해내야 돼. 모든 것이 밝고 마음이 즐거워. 슬프고 우울해져야 한단 말이야. 깊은 절망을 느껴야 해' 라는 마음을 먹어야 한다고 지시를 받았다. 지난 반 년 동안 프라우 K는 다시 재발하지 않았고, 점점 역설적 의도를 사용하는 횟수가 줄어들었다.

사람들이 개인적으로 무심코 역설적 의도를 활용할 수 있는 것처럼, 전체 집단도 그럴 수 있다. 오크스(Ochs, 1968)가 지적했듯이, 선 정신의학자뿐만 아니라 민간정신치료사도 로고테라피로 체계화된 원리들을 이미 활용하고 있을 것이다. 그래서 "멕시코 인디언 이파루크Ifaluk 부족의 치료법에 내재된 원리들은 로고테라피적인 것이다." 멕시코 출신 미국인들의 민간정신치료법인 샤먼(shaman : 전통적인 무당)인 "쿠란데로curandero도 로고테라피 치료사"인 셈이다. 왈라스(Wallas)와 보겔슨(Volgelson)은 최근 들어서 서구 정신의학 체계로부터 인정받은 민간정신치료의 체계들이 심리요법적인 원리들을 활용하고 있다고 지적했다. 로고테라피는 두 흐름 - 서구 심리요법과 민간정신치료법 - 의 유기적 결합체라는 사실이 드러난 것이다.

일본의 모리타Morita 심리요법도 똑같이 평가할 수 있다. 이 요법은 야마모토(Yamamoto, 1968), 누난(Noonan, 1969)이 입증했듯이 "로고테라피와 유사점이 두드러진다." 레이놀드(Raynold, 1976)에 따르면, 두 가지 요법은 수천 마일이 떨어진 곳에서 매우 흡사한 치료술을 발견해낸 것이다. 하지만 누난이 언급한 바와 같이, 모리타 요법은 동양의 관점을 반영하고 있는 반면, 로고테라피는 서구의 관점을 견지하고 있다. 레이몬드는 "프랭클은 개인주의가 최상의 가치이면서 개인의 목표 발견을 요구하는 문화를 대변하고 있으나, 모리타는 집단 지향과 전통이 개인적 목표를 설정해 주는 문화를 대변하고 있다"고 결론지었다.

로고테라피는 체계적이지는 않을지라도 모든 사람들 속에서 지속적으로 예견되어 온 것이다. 그러나 로고테라피가 얼마간 방법론의 관점에서 재발견된 것은 행동 치료사들 덕분이다. 요약하면, 로고테라피는 과거부터 예견되어 왔고, 그것 자체가 "미래를 예견했으며, 최근에야 로고테라피에 이른 것이다." 로고테라피의 원리에 따르면, '공포에 대한 공포'는 공포의 잠재적 효과에 대한 환자의 우려에서 생긴다(프랭클, 1953). 벨린스(Valins)와 레이(Ray, 1969)는 이런 로고테라피의 가정을 실험을 통해 확인시켜 주었다.

"뱀공포증이 있는 학생들에게는 뱀이 기어가는 것을 보는 동안 들리는 심장 소리를 조작된 소리로 다시 들려준다. 이를 통해 그들이 다시 뱀을 봐도 심장 박동수가 증가하지 않는다고 믿게 된다. 이 과정을 통해 뱀을 회피하는 경향이 눈에 띄게 줄어든다."

로고테라피는 또한 '공포에 대한 공포'가 '공포 탈출'을 야기한다는 사실을 밝혀냈다. 이런 발병 원인이 되는 회피 유형이 세워졌을 때 공포증이 실제로 시작된다. 그때 역설적 의도가 자신의 공포로부터 도피하려는 환자의 의도를 완전히 변화시킴으로써 그런 회피를 제거해 준다. 이는 마르크스(Marks, 1970)의 연구 결과와도 일치한다. 그는 "공포증은 환자가 공포스러운 상황에 다시 직면할 때에만 적절하게 극복할 수 있다"고 결론지었다. 이 같은 원리는 '홍수기법' flooding*과 같은 행동주의적인 기법으로도 충족된다. 라흐만(Rachman), 허지슨(Hodgson), 마르크스(Marks, 1971) 는 '홍수법' 치료가 진행되는 동안 환자를 "가장 불안한 상황에 이르도록 독려하고, 설득하는 것"이라고 설명했다.

행동주의적 치료법인 '노출 지체' prolonged exposure을 두고도 왓슨, 게인드와 마르크스 등은 이와 유사한 치료법임을 주장했다. 환자에게 "회피의 방법을 억제하고, 공포의 대상과 최대한 빠르고 가깝게 접근하도록 독려한다." 마르크스(1969)는 역설적 의도 기법이 "현재 모델링으로 지칭하는 과정과도 매우 흡사하다"고 지적했다. 역설적 의도와 유사한 기법들은 '불안 유발' anxiety provoking, '생체조건 내 노출' exposure in vivo, '유추된 불안' induced anxiety, '기대 수정' modification of expectation 등이 있다. 이들에 대한 자료는 모두 1967년에서 1971년 사이에 출간됐다.

---

*공포증 환자를 의도적으로 공포증의 원인적 상황에 직면시켜 치료하는 방법이다. - 옮긴이

방관

로고테라피가 구분한 세 가지 병원론적 유형 중에 지금까지는 두 가지에 대해 논의했다. 공포 탈출이라는 특성을 가진 공포 유형, 그리고 강박관념과 대적하려는 강박적 유형이다. 세 번째 유형은 무엇인가? 바로 성적 신경증 유형이다. 이것 역시 환자의 대적 특성에 따른 것이다. 그러나 여기서 환자는 어떤 대상과 싸우는 것이 아니라, 성적 쾌락을 추구한다. 쾌락을 추구하면 할수록 놓치기 쉽다는 것은 로고테라피의 원리이다.

성적 능력과 오르가즘이 의도의 목표가 될 때마다, 주의(注意, attention)의 목표도 된다(프랭클, 1952). 로고테라피에서 그런 관계를 함축하고 있는 것은 '의도과잉', '과잉반성'(hyper-reflection, 프랭클 1962)이다. 두 현상은 각자를 강화해 피드백 구조를 만든다. 성적 능력과 오르가즘을 확보하려면 환자는 바로 자신, 즉 자신의 실행력과 경험에 주목해야 한다. 이와 같은 정도로 그의 주의는 파트너와, 그 파트너가 환자의 성적 매력을 일으키려는 모든 자극적 형태에서 거둬들여야 한다. 그 결과, 성적 능력과 오르가즘은 사실상 사라지게 된다. 이는 다시 환자의 의도과잉을 높이고, 악순환 구조가 생긴다.

이 순환고리를 해체하려면 원심력이 작동하게 만들어야 한다. 환자는 성적 능력과 오르가즘에 집착하는 것이 아니라 자신과

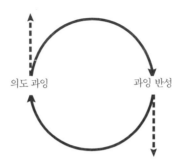

의도 과잉   과잉 반성

겨루고, 자신에 헌신해야 한다. 자신을 관찰하고 주시하는 대신, 자신을 잊어야 한다. 이런 과정이 가능하려면 환자의 과잉반성에 대한 반대행동이 필요하다. 그것이 로고테라피 기법이 개발한 '방관' deflection이다(프랭클, 1955).

카차노프스키(1965, 1967)는 방관에 대해 설명하는 사례보고를 발간했다. 특히 불감증에 대한 로고테라피 치료법에 기여했다. 그 보고서에서 카차노프스키가 상담한 환자는 행운으로 여길 만큼 미와 지를 겸비한 여성을 아내로 두고 있었다. 그녀에게 최고의 성적 쾌락을 느끼게 해주고 싶은 마음은 능히 이해할 수 있을 정도였다. 아내 역시 그런 대접을 받을만했고, 또한 기대했다.

카차노프스키는 그 환자의 성적 완벽성에 대한 필사적인 노력과, 남성성에 대한 의도과잉이 불감증의 원인이라고 진단했다. 그는 환자가 진정한 사랑은 가꿔갈 수 있는 여러 가지 가치를 갖고 있다는 점을 깨닫도록 도와주었다. 환자는 아내를 사랑한다는 의미가 성적인 절정을 주려 노력하는 것이 아니라, 그녀에게 '자신을 주는 것'임을 알았다. 그녀의 쾌락은 환자의 태도에 따른 결과물이지, 그것의 목표는 아닌 것이다(카차노프스키, 1967).

더욱 중요한 것은 환자의 자멸적인 '쾌락을 향한 투쟁'에 대한 반대행동에 덧붙여 방관을 실행한 것이다. 이는 1946년 독일, 1952년 영국에서 내가 설명한 원리를 완벽하게 적용한 것이다. 카차노프스키는 "환자와 아내에게 무기한 성교를 시도하지 말라고 주문했다.

이런 지침이 환자의 예기 불안을 완화시켜주었다. 몇 주가 지나자 환자가 지침을 깨버렸다. 아내는 지침을 환기시키려 했으나, 다행스럽게도 무시해버린 것이다. 그때부터 부부생활이 정상으로 돌아왔다"(카차노프스키, 1967).

내가 이 기법에 대해 출간할 때도 의도과잉이 형성되는 결정적인 요소는 환자가 임의로 성교에 부여하는 '요구 특성'demand quality이라는 점을 지적했다. 이 요구 특성은 다음의 요소들에서 발생한다.

(1) 상　황 : "여기가 로도스다. 여기서 뛰어라."

　　　　　(Hic Rhodus, hic salta) (프랭클, 1952)

(2) 환　자 : 쾌락에 향한 투쟁, 혹은

(3) 파트너 : 쾌락을 향한 투쟁.

여기서 세 번째 범주에 속하는 경우, 환자가 주도권을 갖는 경우에만 성적 능력을 유지한다. 최근에 불감증의 발병 원인으로 두 가지 요소가 더 추가되었다.

(4) 친구들의 압박.

(5) 압박 그룹이다.

여기서는 요구 특성이 이미 성과를 거둬 성적 행위를 강조하는 사회에서 나온다.

진스베르그, 프로쉬(Frosch)와 사피로(Shapiro, 1972)는 "여성의 성적 자유 증가"와, 그로 인한 "이들 새로운 자유 여성들이 성행위를 '요구' 하는 것"을 지적했다. 마찬가지로 스튜어트(Stewart, 1972)는 의학 잡지 《펄스(Pulse)》에 실린 옥스퍼드의 불감증에 대해 글에서 "여성들이 성적 권리를 '요구하면서' 바람을 피우고 있다"고 지적했다. 약간 놀라운 점은 "젊은 남자들이 불감증을 더 자주 호소하는 것으로 나타났다"는 것이다.

이들 관찰 결과들은 다른 대륙의 조사자료들과 일치하고 있다. 불감증의 원인에 대한 로고테라피의 가설을 전 세계적으로 확인한 셈이다. 그룹 압력에 대해서는, 프로노그라피와 성교육이 거대한 산업으로 발전했음을 상기하면 족하다. 대중매체가 성적인 기대와 요구에 대한 사회적 분위기를 조장하면서 '숨겨진 설득자' 의 역할을 하고 있다.

성적 신경증에 대한 로고테라피적인 접근법을 설명하기 위해 첫 영문 출판물을 인용하고자 한다. "파트너가 환자에게 부과한 요구 특성을 제거하기 위해 속임수를 짜냈다. 우리는 환자더러 상담을 받았다는 사실을 파트너에게 알리라고 권했다. 그 환자의 경우 심각하지 않고 예후가 좋다는 말도 하게 했다.

더 중요한 것은, 파트너에게 의사가 성교를 절대 금지했다는 사실을 전하는 것이다. 그의 파트너는 이제 성행위를 기대하지 않고, 환자도 '해방된다'. 이런 요구에서 벗어남으로써, 자신이 뭔가를 요구 받고 있다는 인식에 의해 장애를 겪거나 차단당한 환자의 성적 표현이 다시 가능해진다. 그의 파트너는 남자의 성적 능력이 확연히 달라졌을 때 놀랄 뿐만 아니라, 의사의 금지지침에도 불구하고 응하게 된다. 그 환자가 상호 우호적인 성적 생활 이외에 다른 목적이 없을 때, 그리고 그런 때에만, 그런 성적 생활의 과정에서 악순환의 고리가 깨지는 것이다"(프랭클, 1952).

사하키안(Sahakian) 부부(1972)는 앞에서 설명한 기법이 1970년 마스터스(Masters)와 존슨(Johnson)이 실시한 인간의 성적 불완전성sexual inadequacy에 대한 연구 결과와 비교된다고 언급했다. 로고테라피가 예기 불안과 과잉반성을 성적 신경증의 병인학적 발생요인으로 돌린 관점에 대해, 마스터스와 존슨은 "성적 행위에 대한 공포는 물론 방관자적 역할도 효과적인 성적 기능에 대한 근본적인 장애물로 충분히 인정되지 않았다"고 주장했다.

1946년 독일어로 출간된 논문은 다음의 사례보고를 담고 있다.

젊은 부부가 애정불화로 찾아왔다. 아내는 남편이 성행위에 인색해 외도를 하기 시작했다고 털어놓았다. 나는 그들에게 다음 한주 동안 매일 최소한 1시간씩 함께 벗은 채로 침대에 누워 있으라고 주문했다. 목을 끌어안는 정도는 괜찮지만 어떤 상황에서도 성교를 하지 말아야 한다고 못 박았다. 다음주 그들이 다시 왔는데, 섹스를 하지 않으려고 했지만 세 번이나 할 수밖에 없었다고 고백했다. 나는 화가 난 척 하면서 다시 한 주 동안 지침을 지키라고 요구했다. 그 주중에 그들은 전화를 걸어와 지침을 이행할 수 없어 하루에 몇 번씩 관계를 갖고 있다고 말했다. 그들은 돌아오지 않았다. 1년 뒤 그 부인의 어머니를 만났는데, 그 부부는 다시 불화 없이 지내고 있다고 전해 들었다.

불감증에 대한 로고테라피 치료에서 즉흥성이 중요한 역할을 한다. 조셉 B. 페브리의 사례연구에서 즉흥성의 가능성과 필요성을 확인할 수 있다.

방관에 관한 강의가 끝나자 한 여성 참석자가 자신의 남자친구에게도 적용될 수 있는지를 물었다. 그 남자 친구는 잠깐 만났던 첫 번째 여자친구와 사귀는 과정에서 자신이 불감증인 것을 알았다. 지금은 수잔(질문자)과 사귀고 있다. 우리는 프랭클 기법을 활용하기로 했다. 우선 수잔이 남자친구에게 의사의 상담을 받은 결과 한 달동안 관계를 갖지 말라는 처방을 내렸다고 얘기하도록 했다. 그들은 육체적 접촉, 실제 성교에 이르는 모든 것을 허용했다. 그 다음주 수잔은 효과가 있었다고 전했다. 남자 친구는 박사 학위를 받은 심리학자였고, 성적 실패에 대한 마스터스와 존슨의 교수법을 이수했다. 자기 환자에게도 그런 식으로 조언했던 것이다. 4주 후에 수잔은 증상이 재발되었으나 그녀 주도로 '치료됐다'고 알려왔다.

그녀는 의사 이야기를 다시 둘러댈 수가 없어서, 그 친구에게 오르가즘에 다다라 본적이 없다는 사실을 얘기한 뒤, 그날 밤에는 성교를 하지 말고 자신의 오르가즘 문제를 도와달라고 부탁했다. 다시 효과가 있었다. 독창적인 아이디어를 짜낸 수잔은 방관의 작용을 제대로 이해하고 있음을 보여주었다. 그때부터 불감증과 관련한 문제는 더 이상 나타나지 않았다.

앞서 언급한 '원심력'이 수잔의 재치로 제 역할을 한 것이다. 그녀는 남자 친구가 의도과잉은 물론 과잉반성까지 극복하기 위해, 그가 자신에 헌신하고 자신을 잊게 하려고 환자의 역할을 맡은 것이다.

다음 보고서는 내가 담당했던 환자의 사례이다. 그 환자는 여성불감증^{fridigity} 증상을 겪고 있었다. 1962년에 출간된 것이다.

환자는 젊은 여성이었다. 불감증을 호소했다. 병력을 보니, 어린 시절에 아버지에게서 성폭행을 당한 경험이 있었다. 그러나 그녀의 성적 신경증을 유발한 것은 그런 트라우마(정신적 외상)적인 경험이 아니었다. 대중적인 정신분석학파의 입장에서 보면 환자는 평생 자신의 트라우마적인 경험이 언젠가 일어날 것이라는 두려운 예측을 하면서 살았다. 그 예기 불안은 결과적으로 그녀의 여성성을 확신하려는 '과도한 의도'와, 그녀의 파트너보다 자신에게 관심을 집중하는 '과도한 주의'를 초래했다. 이는 환자가 성적 쾌락의 절정에 이르지 못하게 했다. 오르가즘이 의도의 대상이자, 주의의 대상이었기 때문이다. 나는 단기 로고테라피 치료도 효과가 있을 것이라고 판단했지만, 그녀에게 몇 달만 기다리라고 말했다. 하지만 그동안 오르가즘에 이를 능력이 있는지 여부에 관심을 두지 말라고 주문했다. 그녀의 파트너에게만 신경을 쓰라고 했다. 그가 더 사랑스럽게 보이는 어떤 것이라고 얘기하라고 했다. 그녀에게 "제발 그 오르가즘 같은 것은 잊어버리세요. 그 문제는 몇 달 후에 치료를 시작할 때 우리가 얘기할 것입니다"라고 당부했다. 내가 예측한 일이 며칠 후에 일어났다. 그녀가 돌아와, 처음으로 오르가즘에 대해 신경을 쓰지 않으면서, 처음으로 오르가즘을 경험했다고 말했다.

대럴 버네트는 유사한 사례를 보고했다.

"한 여성이 성관계를 갖는 동안 자기 몸이 어떻게 하고 있는지 계속 관찰하는 불감증을 갖고 있었다. 성 안내서에 따라 모든 것을 시도한다고 했다. 그녀에게 관심을 남편에게 두라고 일러주었다. 한 주 후에 그녀는 오르가즘을 느꼈다."

　다음의 사례를 소개하고자 한다. U. S. 인터내셔널 대학에서
로고테라피를 연구중인 구스타프 에렌트라우트(Gustave
Ehrentraut) 조루증 premature ejaculation 환자를 치료한 사례이다. 그
는 방관을 적용하지 않고 역설적 의도를 활용했다.

　　지난 16년 동안 프레드 성적 능력은 지속적으로 쇠퇴했다. 나는 행
　　동 수정, 정력 증진, 성교육의 결합을 통한 치료를 시도했다. 그는
　　두 달 동안의 치료에 중요한 변화를 보이지 않았다. 나는 프랭클의
　　역설적 의도를 실시하기로 했다. 나는 프레드에게 조루증에 대해선
　　치료하기 힘들다는 얘기를 했다. 그래서 오로지 자신을 만족시키려
　　시도할 수밖에 없다고 했다. 성교 시간을 1분으로 줄이라고 주문했
　　다. 1주일 후 프레드는 지난주에 성교를 두 번했으며, 5분 안에는
　　절정에 다다를 수 없었다고 말했다. 나는 그에게 성교 시간을 줄여
　　야 한다고 얘기했다. 그 다음주 그는 처음으로 7분 동안 끌었고, 두
　　번째에는 11분을 기록했다. 데니스는 부인이 두 번 모두 만족해 했
　　다고 전해주었다.

　캘리포니아의 상담가인 클로드 해리스(Claude Harris)는 성
적 신경증 환자를 담당한 적이 있는데, 구스타프 에렌트라우트처
럼 역설적 의도를 활용했다.

Y 부부는 부인과 의사의 권유로 나를 찾아왔다. 부인이 성관계를 가질 때마다 통증을 느낀다고 했다. 그들은 결혼한 지 3년이 됐는데, 결혼 초기부터 문제가 있었다. 부인은 수녀단의 수녀들 손에 성장했다. 섹스는 금기 항목이었다. 나는 그녀에게 역설적 의도를 적용하기로 했다. 그녀에게 생식기 부분의 긴장을 이완시키려 애쓰지 말고, 남편이 관계를 가질 수 없도록 최대한 단단하게 조이라고 교육했다. 남편에게는 있는 힘껏 성교를 시도하라고 주문했다. 그들은 1주일 뒤에 찾아와 지침대로 이행했고, 처음으로 고통 없이 관계를 즐겼다고 말했다. 3주가 지났는데도 증상이 재발하지 않았다. 니 경험에 비춰 역설적 의도는 많은 사례에서 효과적이었다. 가끔은 거의 내 사업을 망친다는 생각이 들 정도이다.

해리스의 사례에서 가장 주목할 만한 것은 역설적 의도를 활용해 이완이 일어나도록 유도한 것이다. 캘리포니아의 연구원인 데이비드 노리스(David Norris)도 이와 같은 맥락에서 치료를 시행한 적이 있다. 이 사례에서 환자는 스티브 S.였다.

"그는 긴장을 이완시키려 매우 적극적으로 노력했다. 내가 연구에 사용한 근전계 – 근육의 수축과 함께 발생하는 활동전위를 관측·기록하는 장치 – 로 꾸준히 높은 수준(50마이크로 암페어)을 보였다. 나는 그에게 이완시킬 방법을 알 수 없을 것이며, 그가 항상 긴장 상태라는 사실을 감수해야 한다고 말해주었다. 몇 분이 지난 뒤 스티브는 '제기랄, 포기했어'라고 답했다. 그 순간 근전계는 즉각 낮은 수준(10마이크로 암페어)로 떨어졌다. 치료기간을 마치고 스티브는 더 이상 이완하려고 애쓰지 않게 됐다."

에디스 바이스코프-요엘슨은 비슷한 결과를 보고했다.

"최근에 초월 명상Transcendental Meditation을 훈련받았으나 몇 주만에 포기했다. 내가 자동적으로 명상하고 있다고 생각하지만, 정식으로 명상을 시작하면 실제로 명상을 멈추게 된다."

참고 문헌

Bulka, Reuven P., 《The Quest for Ultimate Meaning : Principles and Applications of Logotherapy》, New York, Philosophical Library, 1979.

Crumbaugh, James C., 《Everything to Gain : A Guide to Self-Fulfillment Through Logoanalysis》, Chicago, Nelson-Hall, 1973.

Fabry, joseph B., 《The Pursuit of Meaning : Viktor Frankl, Logotherapy, and Life》, Boston, Beacon Press, 1968 ; New York, Harper and Row, 1980.

Leslie, Robert C., 《Jesus and Logotherapy : The Ministry of Jesus as Interpreted Through the Psychotherapy of Viktor Frankl》, New York and Nashville, Abingdon Press, 1965 ; paperback edition, 1968.

Lukas, Elizabath, 《Meaningful Living : Logotherapeutic Guide to Health》, Cambridge, Massachusetts, Schenkman Publishing Company, 1984.

Takashima, Hiroshi, 《Psychosomatic Medicine and Logotherapy》, Oceansode, New York, Dabor Science Publications, 1977.

Tweedie, Donald F., 《Logotherapy and Christian Faith : An Evaluation of Frankl? Existential Approach to Psychotherapy》, Baker Book House,

1961 ; paperback edition, 1972.

Ungersma, Aaron J., 《The Search for Meaning : A New Approach in Psychotherapy and Pastoral Psychology》, Philadelphia, Westminster Press, 1961 ; paperback edition, 1968.

Wawrytko, Sandra A., ed., 《Analecta Frankliana : The Proceedings of the First World Congress of Logotherapy》, Berkeley, Institute of Logotherapy Press, 1982.

Frankl, Viktor E., 《Anthropologische Grundlagen der Psychotherapie》, Bern, Huber, 1981.

의미를 향한 소리없는 절규

빅터 프랭클 지음 / 오승훈 옮김 / 이시형 감수

보급판 1쇄 인쇄·2017. 12. 5.
보급판 1쇄 발행·2017. 12. 15.

발행처·청아출판사
발행인·이상용 이성훈

등록번호·제 9-84호
등록일자·1979. 11. 13.

경기도 파주시 회동길 363-15
대표 031-955-6031 팩시밀리 031-955-6036

ISBN 978-89-368-1116-7 04180
ISBN 978-89-368-1112-9 04180 (세트)

: 값은 뒤표지에 있습니다.
: 잘못된 책은 바꾸어 드립니다.

: E-mail : chungabook@naver.com